50の英単語で
英文決算書を読みこなす

Financial Statements

齋藤浩史・伊藤勝幸 [著]
Saito Hiroshi　　Ito Katsuyuki

中央経済社

はじめに

　本書『50の英単語で英文決算書を読みこなす』をお手に取っていただきありがとうございます。
　本書を手にされた理由はいろいろあるかと思います。
　海外株式投資を始めたい。もしくは海外プロジェクトで企業のM&Aに携わる必要が出てきた，CPA資格を取ってグローバルで活躍するコンサルタントになりたい……etc。

　グローバルで活躍するためには，相手との共通言語である英語の習得は必須です。しかし，英語だけでは十分ではありません。英語はコミュニケーションツールに過ぎず，英語を極めることがすなわちビジネスを成功させることにはならないからです。

　ビジネスはつまるところ数字です。自社ビジネスの目標を立て，いかにそれを達成していくか？　数字を使って実現可能性を判断しますし，設備投資や株式投資のような場合でも数字で示された基準をもとに意思決定をおこなうことが通常でしょう。数字には客観性があります。つまり，企業のビジネスパフォーマンスを数字で表す英文決算書が読めることは，英語力と同じくらいマスト（必須なもの）なのです。

　普通に日本語の決算書を学ぶのもいいですが，どんどん企業の活動に国境がなくなっている今，どうせなら英文決算書を学んでみませんか。
　日本の市場が縮小している今，日本市場にばかり目を向けておけばよいという時代ではなくなっているのですから。

私は，ゴールドマン・サックスやその他外資系金融会社の仕事で，毎日のように，大量の決算書に目を通す必要がありました。そして，多忙な業務をこなしながら，効率的に決算書を読む手法を身につけるようになりました。決算書を端から端まで読むのはナンセンスです。キーワードとなる会計の英単語を見つけて数字をピックアップすればいいのです。最低限必要な英単語は50個程度なので，英語の得意・不得意は関係ありません。本書では，私の友人で米国公認会計士の伊藤勝幸氏に監修兼執筆を協力してもらった方法を解説しています。ぜひ，読者の皆様にも身につけていただければ嬉しいです。

　最後に，本書執筆に際していろいろとアイデアをくれた倉田剛氏，大内悠芳貴氏，塚元啓介氏，マサチューセッツ大学MBAの生徒たちにこの場を借りてお礼を申し上げます。

2019年9月

著者を代表して
齋藤浩史

本書が想定する読者と扱う項目

本書は，以下のような方に読んでほしいと思い執筆しています。

- 外資系企業で働いている方もしくは外資系企業への転職を考えている方
- グローバルでのコンサルティング業務を目指している社会人や学生
- 海外でのビジネス展開を計画している企業・中小企業経営者の方

扱う項目は以下のとおりです。

☑ 著者である齋藤が，外資系金融で働いていたので，短期投資を想像されるかもしれませんが，本書では，企業の本質的価値は何かを追究する長期投資を念頭に分析していきます。そして，短期投資については，テクノロジーや統計が複雑に絡むため，本書では取り扱いません。

☑ 1から10まですべてを説明する教科書的な本は，どうしても睡眠薬になりがちです。そのため本書は，企業の経営状態の大枠をすばやく知るために，決算書を読むにあたって大切な部分（マトリクス右上の部分）だけを抽出しています。

☑ PART2では，世界的に有名な投資家ウォーレン・バフェットが株式を保有する企業の決算書を題材に，バフェットの決算書の見方について解説していきます。

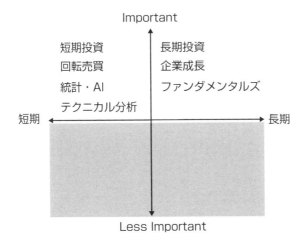

CONTENTS

はじめに　i
本書が想定する読者と扱う項目　iii

PART 1　英文決算書入門

CHAPTER 1　英文決算書は難しくない・1
1-1　会計×英語で最強のスキルを身につける　……2
1-2　実は難しくない英文決算書　……4
1-3　どう違う？　国内と欧米の決算書　……6
1-4　英文決算書は簡単に入手できる　……8

CHAPTER 2　貸借対照表（BS）を見るポイント・13
2-1　BSとは　……14
2-2　BSはここを見る　……17
2-3　BSからビジネスモデルを把握する　……22

CHAPTER 3　損益計算書（PL）を見るポイント・25
3-1　PLとは　……26
3-2　PLはここを見る　……29
3-3　PLからビジネスモデルを把握する　……32

CHAPTER 4　キャッシュフロー計算書（CFS）を見るポイント・35
4-1　CFSとは　……36
4-2　CFSはここを見る　……40
4-3　CFSからビジネスモデルを把握する　……44

PART 2　バフェット流　英文決算書分析術

── CHAPTER 5　バフェット流　英文決算書の読み方・49
5-1　なぜ，バフェットか ……50
5-2　バフェット流経営分析とは ……53
5-3　バフェット銘柄とは ……55

── CHAPTER 6　バフェット流　収益性分析・59
6-1　売上総利益率と純利益率 ……60
6-2　売上総利益販管費率 ……63
6-3　ROAとROE ……66
6-4　EPSと純利益成長率 ……71
6-5　Appleの決算書を見てみよう ……72
6-6　AppleとIBMを比較してみる ……76

── CHAPTER 7　バフェット流　効率性分析・85
7-1　総資産回転率 ……86
7-2　棚卸資産回転率 ……88
7-3　売上債権回転率 ……90
7-4　AppleとWalmartを比較してみる ……92

── CHAPTER 8　バフェット流　安全性分析（ストック）・97
8-1　負債資本比率 ……98
8-2　財務レバレッジ比率 ……101
8-3　インタレストカバレッジレシオ ……103
8-4　Coca-ColaとGEを比較してみる ……105

── CHAPTER 9　バフェット流　安全性分析（フロー）・113
9-1　営業CFマージン ……114
9-2　FCF ……115
9-3　財務CF ……117

9-4　Coca-ColaとGEとGoodyearを比較してみる　……120

COLUMN

MBAでの決算書の学び方／62
減価償却費と研究開発費の大小は財務諸表に影響あり？／65
ROEとROAの組み合わせ／70
バフェットはEBITDAが嫌い？／104
黒字倒産のしくみ／111
自社株買いが配当よりもお得だという理由／118
分析の切り口はさまざま／128
自分で分析してみよう！／130

巻末附録　会計英単語50

BS Cash and Cash Equivalent（現金及び現金同等物）／Accounts Receivable-Trade（売掛金）／Allowance for Doubtful Accounts（貸倒引当金）／Inventory（棚卸資産）／Marketable Securities（有価証券）／Property Plant and Equipment（有形固定資産）／Investment Securities-Long Term（投資有価証券）／Intangible Assets（無形資産）／Goodwill（のれん）／Accounts Payable-Trade（買掛金）／Short-term Debt（短期借入金）／Paid in Capital（払込資本）／Retained Earnings（利益剰余金）

PL Sales Revenue/Sales（売上高）／Cost of Goods Sold（売上原価）／Gross Profit（売上総利益）／Selling General and Administrative（販売費及び一般管理費）／Depreciation Expense（減価償却費）／Operating Income（営業利益）／Other Income and Expense（営業外損益）／Income from Continuing Operation（継続事業からの利益）／Discontinued Operation（非継続事業）／Income Tax Expense（税金費用）／Net Income（純利益）

CF Cash Flows from Operating Activities（営業活動によるキャッシュフロー）／Cash Flows from Investing Activities（投資活動によるキャッシュフロー）／Cash Flows from Financing Activities（財務活動によるキャッシュフロー）

III

CHAPTER 1

英文決算書は難しくない

今，私たちの生活にグローバル企業が深く入り込んでいます。就職や転職，海外ビジネスや海外投資にあっても，英文決算書が読めると世界が広がります。実は，英文決算書は難しくありません。最小限のキーワードと四則演算で「読みこなす」ことが可能なのです。

CHAPTER 1
1-1 会計×英語で最強のスキルを身につける

　皆さん，こんにちは。PART1のCHAPTER1〜4と巻末附録の会計英単語を担当する伊藤と申します。
　普段はGALA（Grobal Accounting & finance Learning Association）代表として企業研修や，米国公認会計士（以下，米国CPA）受験の国際資格の専門学校などで教えています。PART1では，初学者の方を想定し，身近な日本企業を例に挙げながらできるだけわかりやすくお伝えしたいと思います。

世界がボーダーレスになり，求められるスキルとは？

　現在，グローバル企業は私たちの生活に深く入り込んでいます。Amazon，Apple，Facebook，……挙げればきりがありません。私たちの現在の生活は日本企業が提供するサービスだけでは成立しないのです。

　さて，それらのグローバル企業について知りたいのであれば，決算書を読むことが一番の近道です。しかし，決算書は英語で書かれていることが多く，ハードルを感じるかもしれません。
　しかし，英文決算書を読めることは，まさにグローバルな視点を手に入れられるということ。これからのビジネスで不可欠なスキルです。

アジアではあたりまえな英文決算書を読むスキル

　英文決算書が読めると，企業分析をグローバルな視点をもってできます。

グローバル企業への就職・転職を希望する人は，身につけておくと有利です。日本人では，きちんと企業分析できる人はまだ限られていますから，面接官にも高く評価されるでしょう。

　海外へ出張したりすると，一社員から取締役レベルまで決算書を語れる方がいることに驚かされることがしばしばあります。最近では，アジアのビジネスパーソンに決算書を読みこなせる方が増えてきたと感じます。英語がお互いに母国語でない場面では，決算書の数字が双方をつなぐコミュニケーションツールになります。国際的な取引をする前には，英語はもちろんですが，英文決算書を読むスキルも不可欠なのです。

　また，証券市場もネットを通じてボーダーレスに投資をできるようになりました。英文決算書が読めれば，当然投資判断にも役立ちます。もちろん，一部日本語でのレポートを出している企業もありますが，そうでないのが大多数です。

　このように，世界がボーダーレスになった今，英語が話せることはもちろんですが，会計の数字を語れることも必要なスキルなのです。

CHAPTER 1

1-2 実は難しくない英文決算書

会計は英語で学ぶほうがラク！

　ビジネスの三種の神器は『英語・会計・IT』といわれて久しいです。ただ，こと会計に関しては，いまだアレルギーである方が多く存在します。
　簿記検定を受けてみたけれど，「貸方」，「借方」など単語が難しい。そもそも「簿記」という単語自体意味がワカラナイ…。
　こういう方にこそ提案したいのが，「会計は英語で勉強する」ということ。実は日本語で勉強するより，英語のほうがはるかに簡単なのです。

　たとえば日本語でいう貸借対照表，損益計算書は英語にするとBalance Sheet（BS），Profit and Loss Statement（PL）となります。
　Balanceは残高という意味がありますから，残高一覧表なんだとすぐわかりますね。Profit，Lossは収益，費用ですから，収益，費用が記載されたStatement（表）のことです。
　なんだ，そんなことかと思いませんか？　ただ，どうして日本語だとわかりづらいのでしょうか？　それは，元々の英語を直訳してしまっているからのようです。英語で学べば，ストレートにわかるのです。

　普段，米国CPA受験対策として，英語で簿記を教えていますが，「日本語での簿記には挫折したけども，英語で学んだらラクだった」という方がとても多いです。

最小のキーワードで英語の決算書は読める

「英文決算書を読む」と聞くと，決算書の上から下まですべて読めなければいけないような気がしてしまうかもしれませんが，決算書は，小説ではありません。上から下まで味わって読むのではなく，決算書内の必要なキーワードを拾って分析するのです。それが決算書を効率的に読むということなのです。

少し大袈裟かもしれませんが，英文決算書を読むのに必要なキーワード，英単語は決して多くはありません。

本書では，必要な会計英単語をピックアップしていきます。また，巻末附録では，もっと知りたい，語彙を増やしたいという人のために特に重要な会計英単語を50個挙げています。

使うのは四則演算のみ

分析に使うのは，足し算・引き算・掛け算・割り算の四則演算のみです。そう考えると数字への抵抗も少なくなるのではないでしょうか。

CHAPTER 1
1-3 どう違う？ 国内と欧米の決算書

そもそも決算書とは？

ここまで，英文決算書を読むスキルの重要性について述べてきました。

ところで，そもそも決算書とは何を指すのでしょうか。英語で表現すると，Financial Statementsです。通常は，企業の財政状態を示す以下の計算書を指します。

> ・貸借対照表（Balance Sheet　もしくはBS）
> ・損益計算書（Profit and Loss Statement　もしくはPL）
> ・キャッシュフロー計算書（Cash Flow Statement　もしくはCFS）
> ・株主資本等変動計算書（Statement of Shareholder's Equity）
> ・注記（Notes Disclosure）

本書では，企業の財政状態を知るのに大切な財務3表に絞って説明します。財務3表とは，下記の3つです。

貸借対照表 (Balance Sheet)	会計期末時点の企業の財政状態（現金をいくら保有していて借金がいくらあるか，など）を表す決算書。
損益計算書 (Profit and Loss Statement)	企業の一会計期間の経営成績を表す決算書。収益や費用がどれくらいかを示す。
キャッシュフロー計算書 (Cash Flow Statement)	企業の一会計期間の現金の増減の理由を表す決算書。

日本と欧米決算書の違い

企業は決算書の開示義務を負います。株式会社（Publicly traded company）であれば，決算期（Accounting period）において，有価証券

報告書（アメリカではForm 10-K）を開示します。また四半期報告書（アメリカではForm 10-Q）を四半期ごとに提出（Filing）します。ちなみに，アメリカでは日本の決算短信のようなものが存在しないことに注意してください。

日本国内	海外（アメリカ）	詳細
有価証券報告書	Form 10-K	年に1回の決算期に提出する報告書
（半期報告書）	－	四半期報告書を提出すれば提出義務なし
四半期報告書	Form 10-Q	1Q，2Q，3Qに提出する報告書
臨時報告書	Form 8-K	重要事象が起きた時の報告書
有価証券報告書	Form 20-F	海外企業の有価証券報告書 USに上場する海外企業が提出
－	Proxy Statement	株主総会招集通知書
大量保有報告書	Schedule 13D	5％以上保有する株主の報告書

アニュアルレポート

　有価証券報告書と混同しがちですが，企業のアニュアルレポート（年次報告書：Annual report）は法令で提出が義務付けられたものではなく，各企業のビジョンや戦略など企業の個性が見えやすいものになっています（10-Kとアニュアルレポートを区別して掲載する企業もあれば，区別しないで掲載する企業もあります）。ウォーレン・バフェットも，このアニュアルレポートを読んで企業研究をしているそうです。

CHAPTER 1
1-4　英文決算書は簡単に入手できる

海外の企業サイトから探すのは大変

　さて，いざ英文決算書を見てみようとなった場合，皆さんならどうされますか。

　日本国内企業であれば，その企業のウェブサイトから探すのもいいでしょう。ただ，それでも企業によってウェブサイトが異なるフォーマットだったり，有価証券報告書等の保管場所がバラバラだったりと，必要な情報までたどり着くのがとても大変です。

　海外企業であれば，それはなおさらです。英語に不自由のない方であれば問題はないと思いますが，それでも日本よりサイトの情報量も多く，必要な情報にたどり着くまで時間がかかります。

Morningstarのサイトからの入手がおすすめ

　私が（入門編として）おすすめするのは，Morningstarのサイトから入手することです。その理由は，一度使い方を覚えてしまえば，企業名を入力するだけで，財務諸表を簡単に閲覧することができるからです。エクセルのダウンロードを含めても，ステップは4つしかありません（そのうちクリックが3回のみです）。

　それでは，まずは以下のサイトへアクセスしてみましょう。

> Morningstar
> https://www.morningstar.com/

こちらへアクセスすると，過去５年までであれば，会員登録をせずに，企業の財務３表を無料で見ることができます。ただし，ウェブサイトの表示がMorningstar社の意向で変更される場合がありますので注意してください（2019年８月末時点での利用ができることを確認しています）。

　ここでは，Appleの財務３表を取得してみましょう。

ステップ①：企業名を検索

　サイトの一番上に検索スペースがあるので，そこに英語で「apple」と打ち込みます。

　そうすると，いくつか候補が出てくると思いますが，一番上のApple incを選択します。

ステップ②：Financialsのタブを選択

選択後に以下のような画面に推移します。太枠で囲っているとおり，上のタブから「Financials」を選択します。

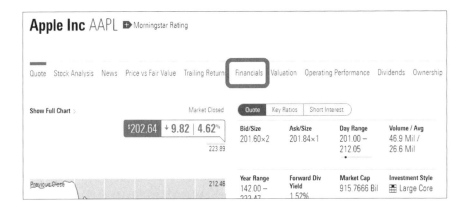

ステップ③：それぞれのタブをクリックして詳細表示

選択すると，以下の財務3表の概要が表示されます。それぞれのタブをクリックすることで詳細を表示することができます。

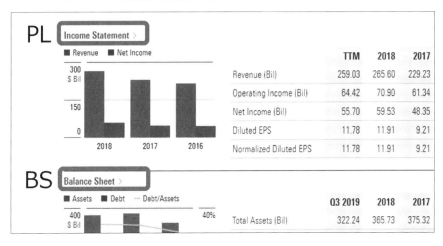

ステップ④：エクセルをダウンロードする

　ここまで来ると，自由に貸借対照表，損益計算書，キャッシュフロー計算書を閲覧することができます。

　最後にエクセルのダウンロードですが，右上に「Export to Excel」と表示されたボタンがあります。そのボタンをクリックして財務3表それぞれをダウンロードしてください。ただし，ファイルがエクセルの場合とCSVの場合があるので，データの編集をする場合にはエクセルとして保存してください。

　ここで抽出した財務3表が10-Kを要約したものになります。

EDGAR

　ちなみに，長期間のデータを利用した分析に挑戦したい場合，2019年8月現在では，過去5年以上のアメリカ企業を中心とした財務諸表を閲覧で

きるエドガー（EDGAR）というサイトがあります。

　検索は簡単にできるのですが，プロが使うサイトのため掲載されている提出書類がたくさんあり，自分が探したい書類にたどり着くまでに時間がかかるかもしれません。しかし，ここにアクセスすれば長期的な決算書のデータが入手できます。少し慣れてきたら挑戦してみてはいかがでしょうか？

EDGAR（https://www.sec.gov/edgar.shtml）

PART 1　英文決算書入門

CHAPTER 2

貸借対照表（BS）を見るポイント

貸借対照表（以下，BS）とは，企業の健康診断書のようなものです。

CHAPTER 2

2-1 BSとは

POINT
Balance Sheet shows entity's financial position as of end of accounting period.
BSは会計期末時点の企業の財政状態を表す財務諸表です。

BSとは健康診断書のようなもの

　毎年健康診断を受けると，診断の結果（健康診断書）を受け取りますよね。それを見て自身の健康状態や１年の変化を確認しているのではないでしょうか？　血液の状態はサラサラで良好，肝機能が悪い，脂肪が多すぎてメタボ体質など，健康診断の結果から知ることができるはずです。

　貸借対照表（BS）とは，人間ではなく企業を対象にした健康診断書のようなものです。BSにより，ある時点での企業の財政状態を知ることができるのです。

　企業の健康診断の実施日は予め決めておく必要があります。それを決算日とよびます。日本では決算日は３月末が多いですが，アメリカの場合だと12月末を決算日（正確には会計期末（End of accounting period））にすることが多く，国や業種によって異なることに注意が必要です。

> MEMO　アメリカ小売大手Walmartは１月31日，日用消耗品大手P&Gは６月30日，自動車大手Fordは12月31日です。

　では，BSにはどのようなものが項目として表記されるのでしょうか？

　たとえば，現金や土地・建物，借金などが挙げられます。詳細は後述し

ますが，これらの項目を見ることで，この企業が借金をたくさん抱えた不健康な財政状態なのか，貯えがたくさんある健全な財政状態なのかを把握することができるのです。

個人が健康診断書を見て健康状態（安全性）がわかるように，BSをチェックすることで企業の安全性がわかるのです。

BSのしくみ

貸借対照表を，英語ではバランスシート（Balance Sheet）と呼びますが，バランス（Balance）には2つの意味があります。1つが「残高」，そしてもう1つが「バランス＝一致」という意味です。下図を使って具体的に2つの意味を確認していきましょう。

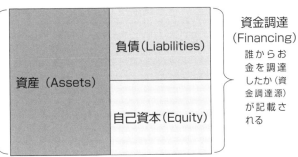

左側には資産（Assets）項目，右側には負債（Liabilities）・自己資本（Equity）項目があります。

資産項目（Investing）

企業が経済活動をおこなうためには，資産（Assets）が必要ですね。

たとえば，印刷会社であれば印刷機や紙，インクがなければ稼働できません。イオンやCostcoなどの小売業者・卸売業者であれば食材などの販売する商品が必要です。

　BSの左側には，企業が調達した資金の用途（Investing）が記載されます。具体的には先ほど挙げた機械設備，販売目的の商品などのほかに，現金や当座預金，有価証券等の状況も書かれます。

資金調達（Financing）

　BSの右側には，企業の資金調達源（Financing）が記載されます。資金調達方法には，銀行などからお金を借りる（借入金）方法と株主から出資を受ける（出資金）方法があります。一般的に借入金などを総称して負債（Liabilities），出資金などを総称して自己資本（Equity）といいます。負債には返済する義務（Obligation）がありますが，自己資本には返済義務はありません。

　借入や出資で調達した資金は，なんらかの資産へと投資・運用されます。たとえ，調達資金の一部を使わなくても，それらは銀行残高という資産になるため，BSの右側と左側は常に一致（バランス）します。

2-2 BSはここを見る

BSから企業の安全性を見る

　BSでわかるのは企業の安全性です。安全性とは，簡単に定義すると「どれだけ支払能力を持っているか」です。つまり支払能力が高ければ企業は倒産することはありません。

　では，実際に１番シンプルなBSを使って，支払能力の有無を確認していきましょう。右のBSと左のBS，どちらの安全性が高いでしょうか。

　前項で触れましたが，負債は返済義務がある一方で自己資本には返済義務がありません。よって，安全性が高いのは左で，返済義務のある負債が多い右のリスクが高くなります。

通信会社２社のBS

　では，この流れで，実在する企業のBSを例にとり安全性を確認してみ

ましょう。

　これらは日本を代表する通信会社2社のBSになります。どちらの安全性が高いでしょうか。

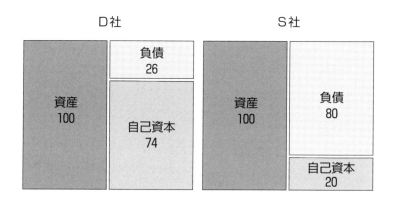

　明らかにD社ですね。負債の割合が圧倒的に少ないです。負債をたくさん抱えれば，毎年多額の利息を支払わなくてはいけません。多額の利息の支払いはビジネスを圧迫してしまうため，経営が不安定になることもあります。また満期が到来したら，返済義務があるため，支払いができないと債務不履行（Default）となってしまいます。

　逆に，返済義務のない自己資本が多ければ，それだけ財務的に安定していると考えることができるのです。

　この負債と自己資本の比率を自己資本比率（Capital Adequacy Ratio）と呼びますが，詳細については後述します（99頁）。

流動・非流動項目

　次に，BSの項目をもう少し細かく分割して安全性を確認していきましょう。資産と負債は流動項目と非流動項目に分類されます。

```
┌─────────────────────┬─────────────────────┐
│   流動資産          │   流動負債          │
│ (Current Assets)    │ (Current Liabilities)│
│ すぐに現金化できる  │ すぐに返済が必要な借金│
│                     ├─────────────────────┤
│                     │   非流動負債        │
│                     │(Non Current Liabilities)│
├─────────────────────┤ しばらく返済の必要のない借金│
│   非流動資産        ├─────────────────────┤
│(Non-current Assets) │   自己資本          │
│ すぐに現金化できない│   (Equity)          │
│                     │ 返済義務のないお金  │
└─────────────────────┴─────────────────────┘
```

この判断は1年以内か1年超かという1年ルール (One Year Rule) で決まります。

> **MEMO**　「流動」と「非流動」の判断基準として、1年ルール以外に、正常営業循環基準 (Normal operating cycle rule) もあります。
> これは、仕入れ→支払い→販売→代金回収の一連の営業サイクル内にあるかどうかという基準です。
> このサイクルに該当すれば流動項目となるのです。

ここで新しく出てきた項目を簡単に説明すると以下の通りです。

流動資産 (Current Assets)	1年以内に現金化できる資産 例：現金、商品など
非流動資産 (Non-Current Assets)	すぐには現金化できない資産。固定資産ともいわれます。 例：機械、工場など
流動負債 (Current Liabilities)	1年以内に支払う債務 例：1年以内に返済する借入金など
非流動負債 (Non-Current Liabilities)	支払期日が1年超の債務。 例：社債、長期借入金など

ここでは、1年ルールを基準に、この流動項目と非流動項目で構成されたBSで安全性を判断してみましょう。右と左でどちらのリスクが高いでしょうか。

PART 1　英文決算書入門

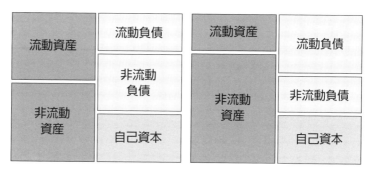

　右のBSは現金化できる流動資産が流動負債をかなり下回っています。この場合，経営状態が傾くと一気に倒産リスクが高まりそうです。一方で左のBSは，流動資産が潤沢で負債全体よりも大きい状態です。これは非常に強固な経営体質を持っているといえるでしょう。

実在企業の安全性

　では，実在する企業のBSを例に安全性を見てみましょう。これはある企業の2016年3月期と2018年3月期のBSです。どちらが安全性が高いでしょうか。

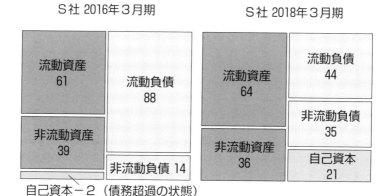

　2016年3月期では，1年以内に支払うべき借金を，手許現金と1年以内

に現金化できる資産で賄えておりません。つまり，流動資産＜流動負債であり，安全性は低いと想像できます。一方，2018年3月期では，1年以内に支払うべき借金を流動資産で十分賄えます。流動資産＞流動負債であり，安全性は高いと考えられます。

　流動資産＜流動負債となると必ず危険と断定はできませんが，上記で述べた通り望ましくはありません。

　実はこの企業，ご存知の方も多いシャープなのです。2016年3月期というのは，経営危機が叫ばれていた時期でした。また2016年3月期は，自己資本の部分がマイナスとなっており，債務超過の状態です。つまり，会社が保有する資産より負債（借金）の方が多いことを意味しています。その後シャープは，2017年3月期に台湾の鴻海精密工業に買収され，数年の間で立て直しを達成することができたのです。

CHAPTER 2
2-3 BSからビジネスモデルを把握する

　少しステップアップをして，企業のBSだけを見て，その企業のビジネスモデルやどのような特徴があるのかを予想してみましょう。人間の健康診断でいえば，皆さんが医者になり企業を診断するのです。

流動資産がやたらと大きいBS

　たとえば，以下のような流動資産がやたらと大きい企業だとどのような企業を想像しますか？

G社 2018年12月期

流動資産 92	流動負債 17
	非流動負債 1
	自己資本 82
非流動資産 8	

　つまり現金，売掛金，商品をたくさん保有しておく動機がある企業ということになります。内訳を見て商品（在庫）が多かったら，もしかして小売業（Retailers）や卸売業（Whole Salers）なのかもしれませんね。

　さて，答えですが，これはオンラインゲームの企業ガンホー・オンライ

ン・エンターテイメント株式会社（以下ガンホー）です。大ヒットゲームとなったパズドラ（パズル＆ドラゴン）を販売している企業と言えばおわかりいただけるでしょうか。インターネットゲームを作る企業なので，機械や設備，土地や建物を保有する必要性がまったくない企業です。

　また，製造業でもないので材料を仕入れる必要がありません。ガンホーのビジネスモデルは，ゲームをオンライン販売することが中心です。そのため，現預金と売掛金といった流動資産が大半となり，在庫を仕入れる必要がないので，キャッシュが豊富な企業になるのです。

固定資産と固定負債が大きいBS

　次に，以下のような固定資産と固定負債が大きい企業だと，どのようなビジネスの企業を想像しますか？

J社 2018年3月期

流動資産 12	流動負債 18
非流動資産 88	非流動負債 47
	自己資本 35

　資産では土地・建物，機械など非流動資産が非常に多く，負債では長期で借入をしている企業です。

　この企業の正体は，多くの読者の皆さんが利用したことのあるJR東日

本（東日本旅客鉄道株式会社）です。しかし，なぜJR東日本のBSがこのような構造になるのでしょうか？

　調達サイド（BS右側）で多額の長期の借入ができるというのは，高い信用力があることの証明です。

　JR東日本は，新幹線や在来線（山手線，中央線，総武線，横須賀線，京葉線など）に利用する土地・駅ビルなど莫大な非流動資産を保有・運用するビジネスモデルです。また，流動資産より流動負債の方が大きいのですが，JR東日本には利用者の現金利用が多く，在庫を持つ必要もないため安全性が高い特殊なケースなのです。

PART 1　英文決算書入門

CHAPTER 3

損益計算書（PL）を見るポイント

損益計算書（以下，PL）とは，いわば企業の通知表のようなものです。

CHAPTER 3

3-1 PLとは

> **POINT** Profit and Loss Statement shows entity's operating results during an accounting period.
> 損益計算書は，一会計期間（通常1年間）の経営成績を表す財務諸表です。

PLとは通知表のようなもの

損益計算書（PL）とは「社会人が定期的に実施する人事評価表」，もしくは「学生が受け取る通知表」のようなものです。通知表はある決められた期間の成績を示しますが，損益計算書は決められた期間（会計期間）における本業と本業以外での評価（経営成績）を示します。

> **MEMO** 損益計算書は，一会計期間の経営成績を示すものです。上場企業であれば，年に1回の年次報告書（10-K）に加えて，4半期ごと（3か月ごと）に決算書（10-Q）を開示します。よって開示する書類により会計期間は異なります。

ちなみに英語では，Profit and Loss Statement, Income Statement, Statement of Earnings, Statement of Operationなどさまざまな呼び方があります。Income（利益），Profit（利益），Loss（損失），Earnings（利益），Operation（経営）という単語からわかるように，企業の収益や利益を示すものです。

```
Profit and Loss Statement
    Revenue（収益）
   －Expense（費用）
    Net Income（純利益）
```

しかし，これでは，収益や費用が本業で生じているか，本業以外から生じているのかが明確にわかりません。今後，この企業が長期的に成長していくのかも投資家は判断できないでしょう。利益の大半が，本業から生じているのであれば，今後も成長していく企業だろうと，投資家は判断できるわけです。

たまたま本業以外で利益が出ただけで，本業が苦しい状況であれば，長期的な成長が望めるかは不透明です。そこで，以下のようなフォーマットで開示することが求められます（細かい所は企業ごとに違いはあります）。

同じRevenue（収益）でも，本業の販売であれば，Sales RevenueまたはSales（売上高）となり，本業以外で収益をあげると，Other RevenueまたはOther Income（その他収益）となります。こうすることにより，投資家は本業が儲かっている会社なのか，本業以外で辛うじて儲かっている会社なのかの判断ができます。

Profit and Loss Statement
Sales
− Cost of Goods Sold
Gross Profit
− Selling General and Administrative
Operating Income
± Other Income and Expense
Income from Continuing Operation
± Discontinued Operation
Income before tax
− Income tax expense
Net Income

> **MEMO** 海外企業の決算書は，細かい点で違いはあるものの，米国会計基準と国際会計基準（International Financial Reporting Standards, IFRS）の2つに分けられます。PLの大まかな構成は同じです。また，海外決算書では「売上高」のことを「Revenue」と書いていたり，「Sales」と書いていたりと，企業によって異なるため，英語表記はあくまでも一例になります。

4つの利益

PLは4つの利益から構成されています（詳しくは巻末附録で解説します）。

売上総利益（Gross Profit）	売上高（Sales）から売上原価（Cost of Goods Sold）を差し引いた，いわゆる粗利益（粗利）です。
営業利益 （Operating Income）	売上総利益から，企業が営業していくのに必要な営業経費（販売費及び一般管理費〈Selling General and Administrative〉）を引いた利益。いわゆる本業の儲けに相当します。
継続事業からの利益 （Income from Continuing Operation）	営業利益から，本業以外の取引や事象から発生した損益（営業外損益〈Other Income and Expense〉）を増減した後の利益。継続的に繰り返す企業活動の結果としての利益になります。
純利益（Net Income）	すべての収益項目から，すべての費用項目を控除した後に残る利益。収益項目から費用項目を控除して，マイナスとなれば当期純損失（Net Loss）となり，プラスであれば当期純利益（Net Income）となります。また，Net Profitと呼ぶ場合もあります。

　売上高を分母に，上記で紹介した利益を分子とすると，各段階の利益率が計算できます。詳しくはPART2で紹介しますが，これら収益性を計算することで，他社との比較，自社の期間比較が可能となり，収益性に優劣をつけたり期間比較をすることが可能となります。

3-2 PLはここを見る

PLから収益性を見る

PLでは，収益性がわかります。

最初に見るべきポイントは，本業で儲かっているかどうかです。たとえ利益を上げていても，本業で儲けていなかったら本末転倒だからです。次のPLをご覧ください。

N社 2014年3月期

Profit and Loss Statement	
売上高（Sales）	571,726
－売上原価（Cost of Goods Sold）	408,506
売上総利益（Gross Profit）	163,220
－販売費及び一般管理費 (Selling General and Administrative)	209,645
営業損失 (Operating Loss)	-46,425

N社 2018年3月期

Profit and Loss Statement	
売上高（Sales）	1,055,682
－売上原価（Cost of Goods Sold）	652,141
売上総利益（Gross Profit）	403,541
－販売費及び一般管理費 (Selling General and Administrative)	225,983
営業利益 (Operating Income)	177,558

ここで例として挙げたN社は，2014年3月期まで3期連続営業損失を計上しており，極めて危機的な状況にありました。本業がまるでダメだったことがうかがえます。

ところが，2018年3月期のPLを見ると，売上高が2倍近くに増え，営業損失から営業利益へと転じています。

この復活劇を果たした企業ですが，誰もが一度は遊んだことがあるゲーム機やゲームソフトを開発・販売する会社，任天堂です。

それでは，任天堂の2018年3月期までの経営状況を時系列でたどっていきましょう。

　任天堂は2006年末に発売したWiiが飛ぶ鳥を落とす勢いで売れ，2009年3月期には1,838,622（百万）円の売上高を叩き出しました。しかしWii以降は，ヒット作に恵まれず，2012年3月期から2014年3月期まで3期連続で営業損失を計上することになります。その後も停滞は続きましたが，Wii Uの発売やコストカットなどで現状維持を保ち，ついに2017年3月，Nintendo Switchを発売し，大復活を遂げたのでした。

　売上高が増え，本業の儲けである営業利益も赤字から大幅な黒字へと転換したのです。

費用項目にも注目

　本業の利益に加えて，PLの費用項目にも注目が必要です。先ほどと同じように営業利益までの簡易版のPLを以下に示します。売上高から営業利益までに発生する費用項目には，どのようなものがあるのでしょうか。

```
Profit and Loss Statement
  売上高 (Sales)
− 売上原価 (Cost of Goods Sold)
  売上総利益 (Gross Profit)
− 販売費及び一般管理費
   (Selling General and Administrative)
  営業利益
  (Operating Income)
```

　1つ目が，売上高の直下にある売上原価（Cost of Goods Sold）と販売費及び一般管理費（Selling General and Administrative）です。

　詳しくは後述しますが，売上原価とは，製造業であれば，企業の製品を作るためにかかった費用を意味します。材料費用や工場の従業員の賃金，

機械の電気代などその他経費です。イオンやCostcoなどの小売業や卸売業であれば，食品や衣類などの仕入れ費用です。いわゆる原価にあたる部分です。2つ目が，売上高総利益を求めた後に控除される販売費です。販売費は，製品や商品を売るためにかかる費用，つまりセールス・パーソンの給料や広告宣伝費などがあてはまります。

　最後に，販売費と並んで記載されている一般管理費は，セールス・パーソン以外の従業員の給料，オフィスの賃借料，弁護士や会計士に支払う費用などがここに計上されます。

　これらの売上原価や販売費及び一般管理費は，利益に直接影響を及ぼす項目のために低く推移することが望ましいでしょう。

CHAPTER 3

3-3 PLからビジネスモデルを把握する

PLからビジネスモデルを把握する

　企業のPLから，ビジネスモデルを予測してみましょう。

　まずは，以下の2つの企業を見比べてみましょう。両社の売上高の規模は大きく違うので，それぞれ売上高を100とした時の内訳を示します。

Z社 2018年3月期

Profit and Loss Statement	
売上高（Sales）	100
− 売上原価（Cost of Goods Sold）	8
売上総利益（Gross Profit）	92
− 販売費及び一般管理費 (Selling General and Administrative)	59
営業利益 (Operating Income)	33

A社 2018年3月期

Profit and Loss Statement	
売上高（Sales）	100
− 売上原価（Cost of Goods Sold）	44
売上総利益（Gross Profit）	56
− 販売費及び一般管理費 (Selling General and Administrative)	48
営業利益 (Operating Income)	8

　両社ともにアパレル業界の企業ですが，どちらの企業の収益性が高いでしょうか。

　Z社ですね。売上高100に対して，売上総利益は驚異の92，営業利益も33を叩き出しております。一方，A社は売上総利益は56で，営業利益は1ケタ台の8です。

　両社ともアパレル業界なのに，ここまで収益性に差が出るのはなぜでしょうか。原因として，両社のビジネスモデルがまったく違うことがあります。2社の正体ですが，Z社は株式会社ZOZO（以下ZOZO）で，A社

は「洋服の青山」を運営する青山商事株式会社です。

　ZOZOは有名アパレルメーカーのブランドをインターネット上で扱う，ファッション通販サイトを運営しています。よって，材料などを仕入れる必要はありませんし，自社工場も持つ必要はありません。そのため，在庫費用である売上原価はたったの8しか発生しない仕組みなので，驚異的に高い売上総利益を計上できるわけです。これは，インターネット企業ならではの特徴といえるでしょう。

　一方，青山商事は材料を仕入れ，自社工場で製造するという典型的なアパレルメーカーの1つです。インターネット関連企業と比べて，どうしても収益性で見劣りしてしまうのがわかります。

業界によって異なるコスト構造

　次はまた別の企業2社を見比べてみましょう。

　やはり両社の売上高の規模は大きく違うので，それぞれ売上高を100とした時の内訳を示します。

Y社 2018年2月期

Profit and Loss Statement	
売上高 (Sales)	100
− 売上原価 (Cost of Goods Sold)	35
売上総利益 (Gross Profit)	65
− 販売費及び一般管理費 (Selling General and Administrative)	63
営業利益 (Operating Income)	2

S社 2018年3月期

Profit and Loss Statement	
売上高 (Sales)	100
− 売上原価 (Cost of Goods Sold)	87
売上総利益 (Gross Profit)	13
− 販売費及び一般管理費 (Selling General and Administrative)	5
営業利益 (Operating Income)	8

　両社ともに売上高を100とした時の，営業利益は1ケタ台なので，決し

て利益率が高いとはいえません。
　しかしこの両者，コスト構造がまったく異なります。
　Y社は売上原価があまりかかっていない代わりに，販売費及び一般管理費が莫大にかかり，利益を逼迫させています。
　一方，S社は販売費及び一般管理費はあまりかかっていない代わりに，売上原価が莫大にかかり，利益を逼迫させています。

　この2社は，各業界の最大手，Y社は吉野家，S社は清水建設です。ここから，2つの業界のコスト構造を大まかにつかむことができます。
　まず，ファーストフード産業大手の吉野家ですが，牛肉，ご飯，みそ汁などの原価は35と思ったほど高くないことがわかります。一方，日本をはじめアジアにある店舗の賃借料，社員やアルバイトの人件費，コマーシャルに使われる広告宣伝費が63と莫大にかかっていることがわかります。つまり吉野家は，販管費がかかってしまうため，売上原価を抑えることで利益を確保するビジネスモデルだとわかります。

　次に，建設業界大手の清水建設です。
　鉄筋コンクリート，セメント，ゴムなどの建材が該当する売上原価が87と莫大にかかっている一方，広告宣伝もそれほど見かけない（建設業界なので，企業相手にビジネスをします。よって広く一般大衆に知ってもらうためのコマーシャルを打つ必要はない）ですし，日本全国に店舗があるわけでもないので，賃借料も売上高に対してそれほど発生していないのでしょう。
　以上から販売費及び一般管理費は5と低く抑えられるのです。
　吉野家とは逆に，清水建設のビジネスモデルは売上原価がかさんでしまうため，販管費を低く抑えることで利益を確保するのです。
　このように，業界やビジネスによってコスト構造は大きく異なります。また，同業他社で分析すると，よりその企業の問題点がはっきりとわかるでしょう。

PART 1　英文決算書入門

CHAPTER 4
キャッシュフロー計算書（CFS）を見るポイント

キャッシュフロー計算書とは，「企業の預金通帳」のようなものです。

CHAPTER 4

4-1 CFSとは

POINT Cash Flow Statement shows the reasons for changes in cash balances during an accounting period.
CFSは，会計期間の現金の増減の理由を表します。

CFSとは銀行の通帳のようなもの

　生活で身近なものにたとえると銀行の通帳のようなものです。現金が入金（Inflow）されれば安心ですし，現金が減り（Outflow）残高がゼロに近づくと不安になります。これは企業でも同じです。

　そしてキャッシュフロー計算書（CFS）は，3つに区分されることに注意が必要です。まずは個人消費者の視点から考えると以下のようになります。

① 純粋に仕事から現金が入ってきたり（Inflow）
② 住宅・車等の購入（Outflow），教育資金の使用（Outflow）
③ 住宅等購入ローンの借入（Inflow）もしくはその返済（Outflow）

　これが企業になるとどうなるのでしょうか？　大まかに言うと以下のようになります。

① 本業からの現金収入や支出
② 設備投資や貸付による現金収入や支出
③ 借入による現金収入や返済による現金支出

　CFSは期首から期末にかけての企業の現金の増減の理由を表す財務諸

表です。

　ある会社の現金残高（正確に記載すると，現金及び現金同等物（Cash and Cash Equivalent）ですが，ここではシンプルに現金（Cash）とだけ記載します）が期首1月1日から期末12月31日までに，3 million，つまり＄1 millionから＄4 millionに増加したとします。なぜ3 million増加したのか，その理由を説明するのがCFSなのです。

黒字倒産を防止

　1980年代までは，日本でもアメリカでも，BS，PLの開示のみが義務づけられていて，CFSの開示は求められていませんでした。

　ところが，PLにおいて利益を計上しているにもかかわらず，現金が手元になく倒産する企業が出てきてしまいます。いわゆる黒字倒産（Surplus Bankruptcy）です。黒字倒産が発生してしまうのは，PLで表記される損益と，現金の収支が必ずしも一致しないためです。

　たとえば，CFSでは金融機関からの借入は，現金収入ですがPL上は収益とはなりません。一方，設備を売却した時に発生する損失は，PL上は費用となりますが，現金の支出はないのです。

　また，PLでは，物やサービスを提供した時に収益を，物やサービスの提供を受けた時，消費した時に費用を計上する発生主義（Accrual Basis）会計の採用が義務づけられています。

一方のCFSは現金主義（Cash Basis）です。つまり，収益費用の計上と現金の受け渡し時期に差が生じてくるのです。この場合，利益を計上しているにもかかわらず，取引先からの支払いが遅れてしまえば手元の現金がなくなっていくでしょう。

　当然，現金が手元にない状況が続いてしまえば，取引先への支払い不能となり最悪のケースでは「倒産」という結果にもなりうるのです。

　そのため，BS，PLに加えてCFSは，企業の経営状態を知るために欠かせない情報として扱われます。

　以下は，CFSの簡易版です。3つのカテゴリーがあります。

```
Cash Flow Statement
(Jan 20X1〜 Dec31, 20X1)
Beginning Balance    100,000,000
  CF from Operating Activities    ....
  CF from Investing Activities    ....
  CF from Financing Activities    ....
Ending Balance       400,000,000
```

3つのカテゴリー

一つ一つ簡単に説明していきましょう。

営業活動によるキャッシュフロー (Cash Flows from Operating Activities)	本業の活動によるキャッシュの動きを示します。自社の物やサービスの販売による現金収入，材料や製品の仕入れによる現金支出，従業員の給与支給による現金支出などが該当します。
投資活動によるキャッシュフロー (Cash Flows from Investing Activities)	主に固定資産の売買により生じたキャッシュフローを示します。設備投資のために，最新の機械を購入したことによる現金支出，古くなった機械を売却したことによる現金収入などが該当します。他社を買収（M&A）したことによる現金支出，他社の株を売却したことによる現金収入などもこちらになります。
財務活動によるキャッシュフロー (Cash Flows from Financing Activities)	主に資金調達に関連するキャッシュの動きを示します。銀行からの借入による現金収入，返済による現金支出，新株発行による現金収入，自己株式の購入による現金支出などが該当します。

　これら3つのキャッシュフローを足し合わせたものが，最終的にBS内の現金増減幅になります。

　企業の経営状況やビジネスモデル，成長ステージによっては，この3つのキャッシュフローの大きさやプラス・マイナスも異なってきます。

CHAPTER 4

4-2 CFSはここを見る

注目すべきは営業活動によるキャッシュフロー

　CFSを見るときは，まずは営業キャッシュフロー（以下，営業CF）がプラスかマイナスかに注目します。

　プラスならば，本業で儲かっていてキャッシュの支出より収入のほうが多いということです。経営状態はよいと判断することができるでしょう。

　具体例を見ていきましょう。以下は2014年3月期，2018年3月期のN社の営業CF，投資活動によるキャッシュフロー（以下，投資CF），財務活動によるキャッシュフロー（以下，財務CF）の期首から期末にかけての増減です。営業CFに注目してみてください。

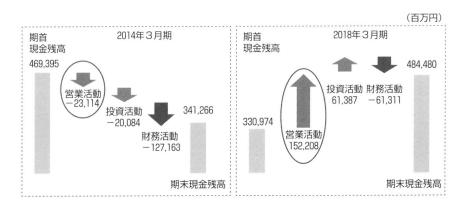

> **MEMO** CFの合計が一致しないのは，為替相場の変動の影響からです。以降他のCFも同じことが発生しています。

　N社の2014年3月期は，営業CFがマイナスですから，本業で儲かって

いない証拠です。一方，2018年3月期の営業CFは大きくプラスですから，本業でしっかり儲けています。

別の企業S社を見ていきましょう。

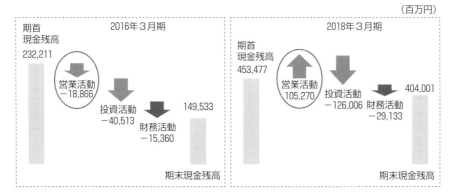

N社同様，2016年3月期の営業CFはマイナスですが，2018年3月期にはプラスへと転じています。両社とも経営危機に陥った時期で，営業，投資，財務CFすべてがマイナスになってしまう異常事態でした。それだけ苦しい状況から，復活したわけです。

これら2社は，すでに学習した任天堂（N社）とシャープ（S社）です。各社の危機から復活するまでの経緯も，任天堂はNintendo Switchの発売，シャープは台湾の鴻海精密工業への傘下入りと異なっています。

CFからM&Aを知る

次に注目すべきポイントは，投資CFです。

時代は刻々と移り変わり，今安定して収益をあげているビジネスでも，5年後10年後も同じように収益をあげられるかは定かではありません。そのため，企業は将来のための設備投資や将来性のある別の企業の合併・買

収(以下，M&A)をおこないます。

　将来に向けて設備投資やM&Aなどを積極的に実施すれば，手元の現金がなくなるため投資CFはマイナスになります。

　一方，既存の設備や，将来性があまりない子会社・事業部門を売却すれば，投資CFはプラスになります。

　ただし，いくら将来の成長のためとはいえ，行き過ぎた投資は逆に経営を悪化させることにもなりかねません。重要なのは本業からのキャッシュフローである営業CFとのバランスです。

　それでは，J社の投資CFの状況を見ていきましょう。

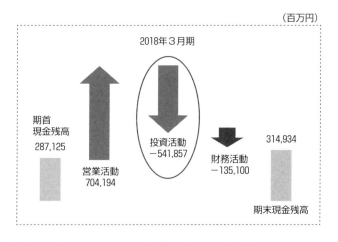

　J社は投資CFがマイナスで，将来に向けた投資をおこなっていることがうかがえます。同時にその投資が営業CFのプラスの範囲内で実施されていることがわかります。本業からの現金収入の範囲内で投資支出をおこなうことで，財務健康状態を維持している例です。

　また，もう1点付け加えるとすると，J社は財務CFがマイナスです。これは，営業CFから投資CFを引いた差の範囲内で借金返済を実施していると捉えることができます。これは，一般的にキャッシュフロー管理の理

想形といわれます。

　本業でキャッシュをしっかり稼ぎ，稼いだ範囲内で将来のための投資もおこない，それでも余ったお金で借金を返済していくというスタイルを実現しているJ社の正体は，JR東日本です。

　一方，投資CFがプラスの企業は，設備投資などの支出より，事業部門等資産の売却などによる収入が多いことがわかります。経営や事業再編中の企業の投資CFはプラスになることが多いです。

CHAPTER 4
4-3 CFSからビジネスモデルを把握する

CFSで成長ステージと戦略を見抜く

　CFSからビジネスモデルを予想してみましょう。ここでいうビジネスモデルとは，企業がその成長ステージに応じて，いかに稼ぎ，ビジネス拡大のため資金を調達・利用するかの戦略を意味します。

　先にも説明しましたが，キャッシュフロー管理で一般的に理想とされる形が，営業CFがプラス，投資CFがマイナス，財務CFがマイナスです。
　また投資CFのマイナスは営業CFのプラスの範囲内であり，それでも余ったお金で借金などを返済している（財務CFがマイナスのケース）のが望ましい形です。

　では，自動車メーカーTOYOTAのCFSを見て，そのビジネスモデルを確認します。
　TOYOTAの成長ステージは，成熟・安定期（すでに大きなシェアを保有しているステージ）にあたり，先に例に挙げたJR東日本同様，理想的なCFSの形になっています。

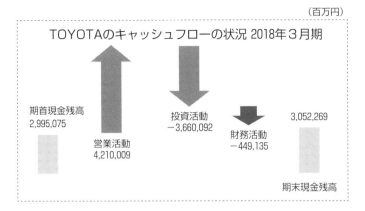

　以下では別の企業のCFSを見てみましょう。この企業のビジネスモデルはどのようなものと想像できるでしょうか。

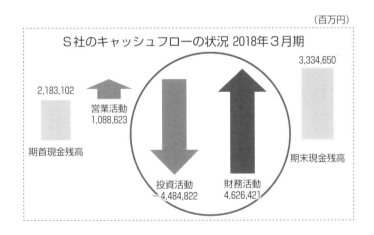

　丸で括ったように，営業CFに対して投資CFが圧倒的に多いことがわかります。設備投資やM&Aに多額のお金を使い，足りない分は銀行借入等で賄う。これは，本業は結果が出ているが，さらに成長するために超がつくほど積極的に投資している企業の特徴です。この企業の成長ステージは，一般的に成長期（未開発の分野に挑戦するステージ）にあたるでしょう。

　この企業ですが，十数年前まではベンチャーと言われていたのですが，今ではグローバル大企業の仲間入りを果たすぐらいにまで成長しました。

この超積極的な投資をしているS社とは，ソフトバンクグループ株式会社です。ソフトバンクは，過去数年間このようなキャッシュフローの状況が続いています。孫さんの成長への意欲は留まるところを知りません。

ベンチャー企業のCFS

　それでは最後に，以下の企業のCFSを見てみましょう。

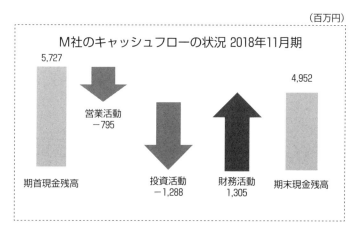

　この企業は，本業での現金収入である営業CFがマイナスとなっています。一方で，投資CFが大幅にマイナスになっており，将来のためにたくさん投資を実施していることがわかります。そして，財務CFが大幅なプラスということは，営業CFと投資CFのマイナス分を銀行借入もしくは資金調達で賄っていることがわかります。この企業の成長ステージは，一般的に黎明期（ビジネスを浸透させるステージ）にあたるでしょう。
　そして，営業CFマイナス，投資CFマイナス，財務CFプラスの形は一般的にベンチャー企業に多い傾向があります。

　この例にあるベンチャー企業M社とは，個人向け家計簿アプリや法人向けクラウドサービスをおこなっている，株式会社マネーフォワード（設立

は2012年，上場は2017年）です。

　たとえ営業CFがマイナスであっても，ベンチャー企業は投資をする必要があることをわかっている銀行や投資家は，将来を見越してお金を貸していくということがわかります。

CHAPTER 5

バフェット流 英文決算書の読み方

ウォーレン・バフェットといえば，世界に知られる著名投資家です。彼が毎年高い投資パフォーマンスをあげられるわけは，彼の企業を読む力と投資哲学にあるといわれており，たくさんの人が彼の投資法の研究をしています。バフェットがどのように良い企業を判断しているのか，PART1のCHAPTER1〜4までで紹介した会計の英単語を使って学習していきましょう。

CHAPTER 5
5-1 なぜ，バフェットか

　PART2のバフェット視点の会計指標分析は，マサチューセッツ大学MBAで教鞭をとっている齋藤浩史が担当します。

　さて，本書の目的は「株式投資であなたもお金持ちに！」のような投資の指南ではありません。また，私の出身であるゴールドマン・サックス流のお金儲けのための錬金術を教えるものでもありません。
　俗にウォールストリート流の投資術とは，たとえば，昨今のようにAIコンピュータープログラムを使って株の値動きやその他統計数値を分析して何度も自動取引をおこない，短期的にいかに儲けるかを考えているイメージがあるでしょう。
　もちろん，彼らが取り扱う統計資料には決算書の数値も1つの情報としてインプットされます。ただ，企業の株式の短期的な値動きを追うことが中心であるため，企業価値の解釈をゆがませてしまう可能性もあります。
　短期的な投資を否定するつもりはまったくありませんが，本書では，決算書を使って**長期的な目線**で企業の経営状況を理解することを目的に解説していきます。

　また，分析手法を網羅的に紹介してしまうと，優先度がぼやけてしまい「すべてを覚えなくてはいけないのか……」と読む気を削いでしまうかもしれません。そこで，本書ではあえて焦点を絞ってバフェットの注目する会計指標（以下，**バフェット指標**）を紹介することにします。

なぜバフェット指標を紹介するのか

なぜバフェット指標を選んだのか？
以下がその主たる理由です。

> 1．バフェットの企業分析の視点は，非常にシンプルで直観的にわかりやすい。実際，バフェットの分析には複雑な計算は一切なく，足し算，引き算，掛け算，割り算の四則演算のみで足りるため。
> 2．彼の投資姿勢が，基本その時の流行り廃りに影響されず一貫しているので，読者はあれこれと新しい情報の出入りに惑わされることなく，企業の決算書学習を進めることができるため。

　企業経営は，時代によって経営状況が良好な場合もあれば，悪化する場合もあります。短期的な視点で見てしまうと，企業の本当の実力や経営状況を正確に把握しにくくなります。まさに「木を見て森を見ず」です。その点，常に長期的な視点から企業を分析するバフェット採用の決算書指標は多くの学びを我々に与えてくれるのです。

WHO is Warren Baffett？

　さて，ご存知の人は多いかとは思いますが，ここで簡単にウォーレン・バフェットとはどういう人物なのかを紹介しておきましょう。
　バフェットは，世界を代表する投資家の１人です。自身の会社バークシャー・ハサウェイ（Berkshire Hathaway）の経営権を握った1965年から約50年間で，株価を約20,000倍まで上昇させました。S&P 500の上昇率が同じ期間で140倍だったことを考えると，彼の投資がどれだけすごいものかがわかります。

バフェットの投資ポリシー

　バフェットは，投資を決断するうえで「その企業が長期的に競争優位を保持しているか」という点に注目します。それは彼がもつ過去の苦い投資体験（失敗）に由来するものでした。

　バフェットが買収した持株会社，バークシャー・ハサウェイは綿紡績の会社でした。彼が師事していたグレアムの投資手法に合致した会社であったことから買収に至りました。ところが，その買収で経営権を握ったことが彼の投資人生を変えました。

　綿紡績は，買収当時でも過当競争にさらされる事業でした。バークシャー・ハサウェイもブランド力はなく，ご多分に漏れず，薄利多売の大量生産のために，来る日も来る日も合理化をしては少ない利益で経営を切り盛りするビジネスモデルでした。以下が彼を苦しめたサイクルです。

設備投資⇒利益微増⇒他社も追随して供給過多⇒価格を下げる
⇒（再度）設備投資

　バフェットは，この無限に続く負のサイクルに陥ることになった投資経験を反省します。

　そして，彼の投資理念「長期的な競争優位の保持」が形成されたのです。

　彼は，その後自動車保険会社のGEICOを買収して，その会社が生み出す資金（運用に使えるフロート資金）を利用して，鉄道会社やエネルギー事業会社など長期的な競争優位を持つ会社に投資をしていくようになりました。

　もちろん，バフェットの投資ポリシーが絶対というわけではまったくありません。けれども，世界一の投資家であるバフェットがどのような基準で投資の可否を決めているのかを知ることは，きっと読者の皆さんに有益な結果をもたらしてくれることでしょう。

5-2 バフェット流経営分析とは

ところで「良い」企業とはどんな企業なのでしょうか。

収益性が高い，安定性がある，効率的，ブランド力がある，経営者が著名である，人それぞれに基準が存在します。

そして挙げたすべてが正解です。

収益性があれば企業が儲かりますので良いことです。企業がどんなマーケット環境でも安定性を保てるのであればそれも良いことです。保有する資産を効率的に利用していれば，それだけ企業収益も安定するから良いことですし，ブランド力があれば収益的安定につながるのでこれも良いことです。そして，著名な経営者がいればその手腕で良い企業へと変革してもらえると期待できます。

では，バフェットから見た良い企業の基準とは何でしょうか。それは，**その企業が競争優位性を長期的に維持できるかどうかということ**です。

これは，バフェットが自身の投資で失敗した経験と長年数多くの決算書の調査研究をおこなった結果，発見した法則です。

彼が選択した勝ち組といわれる企業は，保有する競争優位性の恩恵を受けて，他社を寄せ付けない経営の強さを保持しています。具体的には，強固なブランドを持つことで自社の製品もしくはサービスを他社よりも高い価格で売ることができ，より大きな利益を得ることができるビジネスモデルを保有しています。そのため，それらの企業は強固なビジネスモデルを維持継続することが可能になっているのです。

収益性，効率性，安全性

　競争優位性を長期的に維持できる企業を見分けるには，3つの数値指標が鍵となります。1つめは収益性（高収益，利益の安定性，利益の成長性）です。2つめは効率性（効率的な在庫管理，設備投資）です。3つめは安全性（債務負担，キャッシュフロー）です。では，なぜこの指標なのでしょうか。

　本来，分析指標には，この3つのほかに成長性と生産性の指標が存在します。しかし，これらの指標すべてを紹介すると，あまりに数が多く，優先度合がわからなくなってしまいます。そのため本書では，バフェットが重視する指標に絞り込んで解説します（成長性の一部については，収益性の成長として考えていきます）。

CHAPTER 5

5-3 バフェット銘柄とは

What are his favorite companies?

さて、バフェットが現在保有している銘柄はどのようなものでしょうか？

以下は2018年11月時点で発表されているバフェット銘柄になります。

ランク	バフェット銘柄	百万ドル
1	Apple	56,994
2	Bank of America	25,843
3	Wells Fargo	23,250
4	Coca-Cola	18,476
5	Kraft Heinz	17,945
6	American Express	16,145
7	US Bancorp	6,597
8	Moody's	4,124
9	Goldman Sachs	4,115
10	J.P. Morgan Chase	4,024

参照:"Here are Warren Buffett's 10 biggest holdings now, half of which are banks" CNBC 2018.11.14

金融機関が多く、少し驚くかもしれません。そのほかにはジョンソン&ジョンソン（J&J）、プロクター・アンド・ギャンブル（P&G）、ワシントンポスト（Washington Post）、オラクル（ORACLE）などに投資しています。

一昔前はIT企業を敬遠していたが……

ウォーレン・バフェットという投資家は,「長期において競争優位を維持できる企業」といった一貫した投資理念を持っているということはすでにご紹介したとおりですが,この「長期的競争優位」に加えて,バフェットにはもう1つの投資理念があります。それは「サービスがよくわからない流行り銘柄には投資しない」ということです。

> MEMO この他,ストックオプションを出す会社や労働組合の力が強い会社は賃金上げ要求の圧力が激しいため避けているようです。

その代表として,インターネット企業やIT企業などが挙げられます。彼らがやっていることは,未知なものが多く投資判断が容易ではないためです。親交の深いビル・ゲイツがCEOを務めるマイクロソフトへもバフェットは投資をしない徹底ぶりです。しかし,時代が変わったのか,ITに対しては投資をしていなかったバフェットも,最近ではApple,オラクル,Amazonにも投資をし始めたようです。

> MEMO バフェットが好む業種は他にも以下のような特徴があります。
> ①日常生活で繰り返し使われるブランド力の高い消耗品を扱うビジネス(食品,医薬品,衣料) ②企業が自社製品を広くPRする時に使う広告ビジネス(テレビ,広告) ③個人や企業が繰り返し使うものやサービス(清掃会社,人材会社) ④多くの人が日常的に使用する必需品を廉価で提供するビジネス

バフェット銘柄を分析してみよう

もちろん,バフェットが選んだ銘柄がすべて正しかったわけではありません。企業選定に100%絶対という言葉はなく,彼も判断ミスをすることもあるのです。ただ同時に,判断を誤った企業数よりも,正しい判断で選択した企業数のほうが大幅に上回っていることを鑑みると,彼の企業を選

ぶ視点は決して間違っていないということになるのでしょう。

これから，バフェット銘柄を分析していきます。分析にあたっては，下表のように，「彼が良い企業であると判断し実際に実績を残した企業」と「良い企業であると判断したが売却した，もしくはまったく興味を持たなかった企業」の両方のケースを比較していきます。

	Buffett Index	Name	バフェット企業	比較企業
収益性	6−1	売上総利益率と純利益率	Apple	IBM
	6−2	売上総利益販管費率		
	6−3	ROAとROE		
	6−4	EPSと純利益成長率		
効率性	7−1	総資産回転率		Walmart
	7−2	棚卸資産回転率		
	7−3	売上債権回転率		
安全性	8−1	負債資本比率	Coca-Cola	GE (General Electric) & Goodyear
	8−2	財務レバレッジ比率		
	8−3	インタレストカバレッジレシオ		
	9−1	営業CFマージン		
	9−2	FCF		
	9−3	財務CF		

この他にもバフェットの相場センスや独自の戦略で，彼の投資理念とは異なる企業選定ケース（例：航空会社のような差別化しにくい業界にあえて投資する）もあるのですが，それらは特殊ケースになるため本書では触れないこととします。

PART 2　バフェット流　英文決算書分析術

CHAPTER 6

バフェット流 収益性分析

　収益性分析とは，まさに企業の「稼ぐチカラ」を分析するもので，たとえば企業の資産や売上に対しどれだけ利益をあげられているかを見ていくものです。

　ここでは，バフェット流の分析手法を紹介しながら，ケーススタディで実践します。

CHAPTER 6
6-1 売上総利益率と純利益率

POINT

Gross Profit Margin Ratio (or Gross Profit Margin) is a profitability ratio that compares company's gross profit (difference between Sales and cost of goods sold (cost of Sales)) to its Sales.

The Net Margin Ratio (or Net Margin) is also profitable ratio. It represents percentage of net income (or net profit) (the residual after all expenses are deducted from Sales) over Sales.

売上高総利益率とは収益性指標の1つで，売上総利益（売上と売上原価の差）と売上高に対する割合を比較したものです。

その一方で，純利益率も収益性指標で，売上高と純利益（売上からすべての費用を差し引いた）の割合を示すものです。

利益に注目する

　バフェットが注目している指標の1つが利益です。薄利多売事業だったため利益を生み出すことに苦しんだバークシャー・ハサウェイの経験からです。

　ただし，利益の絶対値が非常に大きければ必ず長期的な競争優位を持っているとは限りません。相対的に絶対値が小さくても競争優位な企業もあるためです。

　数字の大小よりも「利益がどこから出ているか」を分析することが，良い企業とそうでない企業を判別するうえで大切になってきます。

売上高総利益率とは

　利益は,「売上高－経費」と定義されます。つまり,高い利益を得ることができるのは,①売上が多い,もしくは②経費を安く抑えることができたケースです。そして,この利益と売上高の関係を表したのが**売上高総利益率**（Gross Profit Margin RatioまたはGross Profit Margin）です。

$$売上高総利益率（Gross\ Profit\ Margin\ Ratio）（\%）= \frac{売上総利益（Gross\ Profit）}{売上高（Sales）}$$

　売上総利益額の絶対値だけでは,企業の収益性を比較することはできません。代わりに比率で表せば,企業規模に関係なく時系列で比較することもできますし,他社と比較をすることもできます。売上高総利益率が過去から現在にわたって安定して高い値を保持しているということは,多くの業界でコスト競争が激しくなっている中,売上原価に高いマージンを乗せて販売できる競争優位を持っている証拠になるのです。

純利益率とは

　さて,ここではもう1つの利益率を紹介しておきましょう。売上高と純利益の関係を表した**純利益率**（Net Margin RatioまたはNet Margin）と呼ばれる指標です。

$$純利益率（Net\ Margin\ Ratio）（\%）= \frac{純利益（Net\ Income）}{売上高（Sales）}$$

　この純利益率は今後の分析で頻繁に登場します。バフェットは企業の競争優位性に興味を持っていますので,売上高総利益率と純利益率は大事な指標なのです。

MBAでの決算書の学び方

　MBAで学ぶ生徒たちは，CPAなど会計のプロになろうとしている人ではありません。むしろ会社のパフォーマンスを知ったり，ライバル他社の経営状況や市況を読めるようになるということが目的になります。

　敵と戦う時は己を知れ。

　決算書を読みこなすことで，市場で戦うために自社に何が長けていて何が不足しているのか？　目標達成のためにはどのような改善や有効利用ができるのか？　を常に考えて，MBAで学ぶ会計以外の科目に活かしていくことが大切になるわけです。

CHAPTER 6
6-2 売上総利益販管費率

POINT SG&A ratio compares SG&A (Selling General and Administrative expenses) to gross profit.
売上総利益販管費率は，販売・一般販管費と売上総利益を比較したものです。

売上総利益販管費率（SG&A Ratio）とは

　営業利益（Operating IncomeもしくはIncome from Operations）は，バフェット指標分析の重要なファクターの1つです。本業の儲けを表し，長期間にわたり企業が競争優位を持っているか判断するのに有効だからです。

　営業利益は「売上総利益－営業経費」で求めます。営業経費には，販売・一般管理費（Selling General and Administrative expenses -SG&A-），減価償却費（Depreciation），研究開発費（Research & Development expenses）が含まれます。

　本来，売上高とSG&Aの比を求めるのが一般的なのですが，売上高には売上原価が混入しているため，売上総利益を採用します。また，SG&Aも減価償却費や研究開発費を除いたものを計算対象にします。

$$売上総利益販管費率（\%）（SG\&A\ Ratio） = \frac{販売・一般管理費（SG\&A）}{売上総利益（Gross\ Profit）}$$

63

業種によって大きく異なる

　SG&Aには従業員の給料も含まれているため，企業の業種や業態によって大変大きな数値になることもあります。また，これらの数値は簡単には上下動させることができないという特徴があります。そのため，高ければ悪い，低ければよいという単純な判断をすることはできません。

　重要なのは，売上総利益に対するSG&Aの割合が過去から現在までどのように推移してきたのかという時系列での比較です。安定した企業は，この数値が過去から現在まで安定しています。一方で，不安定な企業はこの数値が急激に上がったり下がったりします。

　価格競争などの渦中にある企業などは，SG&Aを簡単に増減させることができないため，市場での販売価格を下げるしか手段がありません。そのため必然的にこの数値の変動が激しくなってしまうのです。そのような企業を見分けるのに，この数値が使えます。

　また，研究開発費が高額になっていると，長期的な競争優位を保てない可能性があります。高額な研究開発費を費やすということは，成功すれば高いリターンが見込めますが，同時に高いリスクを孕んでいます。そして，このようなビジネスは，一時的に優位になれるような特許や先端技術開発を通じて利益を出す仕組みなのですが，特許自体にも期限がありますし，先端技術は時が経つと廃れてしまう可能性もあるでしょう。バフェットは常に競争優位に立っている企業を探すという点で一貫しており，これら研究開発費が高額なところへの投資は慎重になる傾向にあるようです。

減価償却費と研究開発費の大小は財務諸表に影響あり？

　減価償却費と研究開発費は，営業経費と呼ばれ，企業の競争優位を見るうえでとても大切です。

　気をつけなくてはいけないことは，減価償却費は毎年コストとして差し引くことができるため，現金支出がないのに見た目の利益が減少するということです。

　利益の減少は，支払う税金の減少にもつながるため，一時的にキャッシュが増加するという特性を持ちます。つまり減価償却費が大きくなるほど，その分キャッシュがたくさん入ってくることになるのです。ただし，その企業が激しい競争にさらされるような業界にいる場合，償却期間が終了する前なのにもかかわらず新しい設備を購入する必要が出てきます。

　バフェットは，バークシャー・ハサウェイを買収した直後の経営で同様の経験をしました。短期的に見た目のキャッシュが増えても，価格競争の渦中にある企業は他社もすぐに追随してくるため，合理化のために追加設備投資をしなければならないのです。これだと，長期的な競争優位を持つことは難しいでしょう。このような理由から，減価償却費の割合が高い企業は競争優位に立てていない可能性もあるとして，慎重に企業分析をおこなうようです。

CHAPTER 6

6-3 ROAとROE

POINT

ROA, Return on Assets, shows how a company efficiently generates Income by using its total assets.
ROE, Return on Equity, is an indicator how profitable a company is relative to its net assets.
ROA（総資産利益率）は，企業の総資産を使ってどのように効率的に利益を生み出したかを表すものです。ROE（自己資本利益率）は，企業の純資産に関わる収益性を示すものです。

ROAとROE

ROAとROEの2つを同時に紹介するのは，個々の数値で判断した場合，企業の評価を見誤る可能性があるため，2つを合わせた分析が大切と考えるバフェットの考え方からです。

ROA（総資産利益率，Return on Assets）とは，企業がどれだけ保有総資産を効率的に利用しているかを示すものです。

総資産を期首と期末の平均とするのは，純利益が1年間という期間で得られた数値のため，分母の総資産についても期間の平均値にするためです。

$$ROA = \frac{純利益（Net\ Income）}{期首・期末平均総資産（Average\ Total\ Assets）}$$

> **MEMO** 実際の経営や教科書だと，ROAの計算において，分子を営業利益として計算することが多くみられます。営業利益を使う理由は，その企業での営業活動に対する成果の良し悪しを評価する目的があるからです。
> バフェットの視点では，純利益がどのような動向かを気にしているため，あえて分子を純利益にして分析しています。

 ただし，ROAが高水準であることが，必ずしも長期的な競争優位につながるものではないことに注意が必要です。たしかにROAは高いほうがよいと判断されがちです。その一方で，ROAが高いのに競争優位がない場合もあれば，ROAは低いのに競争優位がある企業もあるのです。

 たとえば，ROAの分母には総資産が入りますが，数億円クラスと数千億円クラスでの営業活動はまったく異なってくるはずです。資産数億円程度を保有して高いROAを達成できることは，決して不可能なことではないでしょう。

 その一方で，数千億円を超えるレベルの資産ともなれば，その市場への参戦がハードルの高いものとなるはずです。

 このように市場へ参入するために発生するコストを，通常，参入コスト（Entry Cost）といいます。この参入コストが高いとそれだけ長期的な競争優位を持てる可能性が高くなります。バフェットはそこに注目をしているのです。

ROEは長期的かどうかが重要

 それでは，次にROE（自己資本利益率，Return on Equity）を紹介しましょう。ROE（自己資本利益率，Return on Equity）とは，企業が株主の持分である自己資本に対してどれぐらいの割合で収益を得ることができたかを示すものです。式は以下のとおりです。

$$ROE = \frac{純利益（Net\ Income）}{期首・期末自己資本（Average\ Total\ Equity）}$$

アメリカ企業の場合，過去50年間の平均ROEは12％で，バフェットはこれを下回る企業を投資対象と考えていません。たとえば，バフェット銘柄であるCoca-Colaは30％以上をはじき出しています。

ただし，ROEの瞬間的な水準で長期的競争優位を判断してはいけません。重要なことは，企業があるROEレベルを長い期間で維持できているかどうかです。瞬間的に高いROEを記録した企業が必ずしも収益力の高い優良企業であるとは限らないのです。

意図的な操作もあり得る

このように考える理由は，企業が意図的にROEを高くみせることができてしまうからです。たとえば，自社株買いを利用して自己資本を減らしてしまえば，企業の収益力とは関係なくROEが上昇してしまいます。また，負債を増やすだけで数字上，ROEを上昇させてしまうことができてしまうのです。

ROE操作のカラクリを見ていきましょう。

$$ROE = \frac{純利益}{総資産} \times \frac{総資産}{自己資本} = ROA \times 財務レバレッジ$$

上の式は，ROEがROAと財務レバレッジ（Financial Leverage）を掛け合わせて求めることができることを表します。

> **MEMO** この財務レバレッジは，後述の安全性（101ページ）で学習しますが，総資産を自己資本で割って求めることができるもので，負債が増えると数値が上昇してしまい，その結果ROEを上昇させてしまうのです。

ちなみに，ROEをさらに分解していくと以下のように展開できます。

$$ROE = \frac{純利益}{売上高} \times \frac{売上高}{総資産} \times \frac{総資産}{自己資本} = 純利益率 \times 総資産回転率 \times 財務レバレッジ$$

> **MEMO** 新たに総資産回転率（Total Asset Turnover）という指標も出てきましたが，こちらも効率性（86ページ）で学習するバフェットが重視する指標の1つになります。

ROEのこの3つの指標への因数分解のことをデュポン式（DuPont Formula）と呼びます。そしてROEは，収益性を求める指標でありながら，効率性や安全性を含めるとても大事な指標なのです。

ただし繰り返しますが，ROEの高低だけを見て企業の良し悪しを決定することはできないことに注意です。

ROEとROAの組み合わせ

　ROEとROAの高低を組み合わせると，どのような営業活動をおこなっているのか企業のイメージや特徴を予想することができます（ただし，高低の定義が人により異なるため，相対的な基準と捉えてください）。

① 高ROE，高ROA

　一般には事業資金を多く必要としない優良企業に多いでしょう。さらに，長期間に渡り数値が高く安定している場合，バフェットが，長期的競争優位を持っていると判断する可能性の高い企業かもしれません。

② 高ROE，低ROA

　設備投資等のために多額の借入が必要である一方で，業績が良い企業です。ただし，借入金が多いため，金利上昇や景気悪化などにより一気に業績が悪化するリスクがあります。

③ 低ROE，高ROA

　ROAが高いのにもかかわらずROEが低い場合，負債を抱えない事業モデルと予想できます。負債が少ない経営は，安全面では評価できます。しかし，リスクを取らずに利益を増加させることはできません。すなわち株主が預けた資金が効率的に使われずにリターンも抑えられていると考えることができます。

④ 低ROE，低ROA

　ROEが低いということは株主から預かった資本を効率的に活用できていないと判断できます。またROAが低いのは，総資産回転率が低いことが原因にもなっている事業形態なのかもしれません。

CHAPTER 6

6-4 EPSと純利益成長率

POINT
The EPS (Earnings Per Share) is the net income per outstanding share that is available only for common stockholders.
EPS（1株あたりの純利益）は普通株主のみに与えられる1株単位の純利益のことです。

EPSとは

バフェットは1株あたりの純利益（EPS, Earning Per Share）の推移を重視しています。式を見ると以下のとおりです。

$$EPS = \frac{純利益（Net\ income）}{発行済株式総数（Outstanding\ Share）}$$

バフェットが注視するのは、このEPSの絶対値だけではなく、長期的にこの数値が安定して伸びているかです。ただし、企業が自社株買いをして株数が少なくなると、EPSの数値は改善することに注意してください。

たとえば、数値が下がり続けている場合、その企業は競争の激しい市場に直面して優位性を保持するのが難しくなっている可能性があるかもしれません。そのため、絶えず設備投資を強いられ、同時に収益を食いつぶしてしまうかもしれません。このようなサイクルを繰り返すビジネスでは、長期的優位性を保持することは難しいでしょう。

CHAPTER 6
6-5 Appleの決算書を見てみよう

How can we compare financial statements?

まずは，Appleの損益計算書を使って，指標の計算・分析を実践してみましょう。

> **MEMO** 業種によっては学習した経験のない項目等が出てきてしまう時もありますので，本書では基本項目に絞った形で，以下のように著者が作り直した表を使用します。勘定科目も単語帳に合わせて一部修正しています。

APPLE INCOME STATEMENT （百万ドル）	2014	2015	2016	2017	2018
Sales 売上	182,795	233,715	215,639	229,234	265,595
Cost of Goods Sold　売上原価	112,258	140,089	131,376	141,048	163,756
Gross Profit　売上総利益	70,537	93,626	84,263	88,186	101,839
Operating Expense　営業費用					
Research and Development　研究開発費	6,041	8,067	10,045	11,581	14,236
Selling General and Administrative　販管費	11,993	14,329	14,194	15,261	16,705
Operating Income　営業利益	52,503	71,230	60,024	61,344	70,898
Interest Expense　支払利息	384	733	1,456	2,323	3,240
Other Income and Expense　その他費用	1,364	2,018	2,804	5,068	5,245
Income Tax Expense　税金費用	13,973	19,121	15,685	15,738	13,372
Net Income　純利益	39,510	53,394	45,687	48,351	59,531
Earnings per share　1株あたりの純利益					
Basic（基本）	6.49	9.28	8.35	9.27	12.01
Diluted（希薄化後）	6.45	9.22	8.31	9.21	11.91
The number of shares outstanding　発行済み株数					
Basic（基本）	6,086	5,753	5,471	5,217	4,955
Diluted（希薄化後）	6,123	5,793	5,500	5,252	5,000

参照：Morningstar ウェブサイトより筆者作成

数字の羅列なので、とっつきにくい感じがするかもしれませんね。その場合、それぞれの項目が全体の何%を示すのかを割合・比率を使って見てみると便利です。この各数値を割合（%）で示した決算書を、**百分率財務諸表（Common-size Financial Statements）** といいます。

　以下の表は著者がRevenue（売上）を100として再計算したものですが、企業がどれぐらいの割合で利益を出して、どれぐらいの割合を費用項目に使っているのか/使っていないのかを視覚的・直観的に理解することができます。具体的な例を挙げてみましょう。自動車業界には、経営規模が違う企業が世界にいくつもあるはずです。しかし、その財務諸表内の絶対値だけを見て比較しても、経営状態を判断することはできません。絶対値の代わりに割合を利用することで、同じ基準（Common-size）で経営状態を比較することができるのです。本書のメイントピックであるバフェット指標のほとんどが割合を使っています。

APPLE INCOME STATEMENT	2014	2015	2016	2017	2018
Sales 売上	100%	100%	100%	100%	100%
Cost of Goods Sold　売上原価	61%	60%	61%	62%	62%
Gross Profit　売上総利益	39%	40%	39%	38%	38%
Operating Expense　営業費用					
Research and Development　研究開発費	3.30%	3.45%	4.66%	5.05%	5.36%
Selling General and Administrative　販管費	6.56%	6.13%	6.58%	6.66%	6.29%
Operating Income　営業利益	28.72%	30.48%	27.84%	26.76%	26.69%
Interest Expense　支払利息	0.21%	0.31%	0.68%	1.01%	1.22%
Other Income and Expense　その他費用	0.75%	0.86%	1.30%	2.21%	1.97%
Income Tax Expense　税金費用	7.64%	8.18%	7.27%	6.87%	5.03%
Net Income　純利益	21.61%	22.85%	21.19%	21.09%	22.41%

参照：Morningstar ウェブサイトより筆者作成

　IT企業への投資には消極的だったバフェットがどうしてAppleに魅力を感じたのでしょうか？

　Appleが成長してきた源泉を、学習したバフェット指標を使って確認し

ていきましょう。

決算書からわかるAppleの収益性

GAFA（Google, Amazon, Facebook, Apple），もしくはこの４社にMicrosoftも加えたGAFMAは，昨今ニュースで見ない日はないでしょう。その中でもAppleの収益性は断トツです。

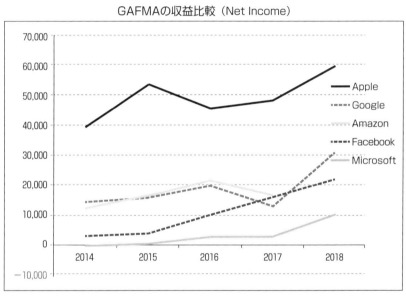

参照：Morningstar ウェブサイトより筆者作成

収益の絶対値もそうですが，収益率も他社を寄せ付けていない。ここが，バフェットがAppleを好む理由なのかもしれません。

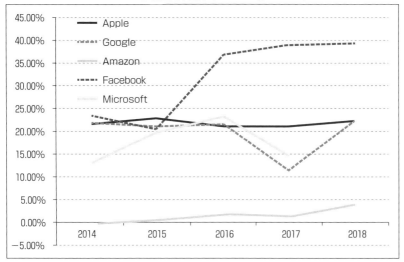

参照：Morningstar ウェブサイトより筆者作成

6-6 AppleとIBMを比較してみる

CHAPTER 6

IBMが売却されたのはなぜ？

　さて，バフェット銘柄であるAppleとIBMを選択してみましょう。比較対象をIBMにした理由は，2011年にはじめてバフェットが投資したIT企業であるからです。しかしその後，2017年にバフェットは大半のIBMの株を売却します。同じIT企業のAppleとどのような差があったのかを検証していきたいと思います。

　読者の皆さんもIBMのBS，PLをダウンロードしてみてください。

売上高総利益率と純利益率で比較する

　まずAppleとIBMを比較しながら，売上高総利益率と純利益率のトレンドをつかみます。エクセルを使ってグラフにすれば直観的にわかりやすくなります。

AppleとIBMの売上高総利益率と純利益率の比較

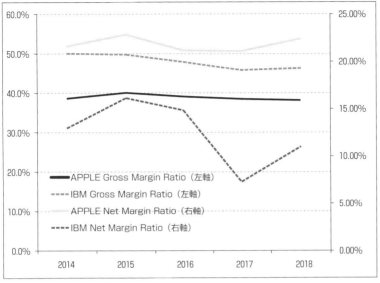

参照：Morningstar ウェブサイトより筆者作成

売上高総利益率比較	2014	2015	2016	2017	2018
APPLE Gross Margin Ratio　売上高総利益率	38.6%	40.1%	39.1%	38.5%	38.3%
IBM Gross Margin Ratio　売上高総利益率	50.0%	49.8%	47.9%	45.8%	46.4%

純利益率比較	2014	2015	2016	2017	2018
APPLE Net Margin Ratio　純利益率	21.61%	22.85%	21.19%	21.09%	22.41%
IBM Net Margin Ratio　純利益率	13.0%	16.1%	14.9%	7.3%	11.0%

参照：Morningstar ウェブサイトより筆者作成

　Appleは過去5年においては売上高総利益率と純利益率ともに安定したレベルを保っていることがわかると思います。売上高総利益率については、Appleは77ページの百分率表示のPLで示したように売上原価率が60%前後と大きく変動せずに安定しているということでしょう。その一方でIBMは、売上高総利益率はAppleよりも高いレベルで推移していますが、純利益率は安定しているとはいえません。

売上総利益販管費率で比較する

次に売上総利益販管費率のトレンドはどうでしょうか？ AppleとIBMの売上総利益販管費率を比較してみましょう。

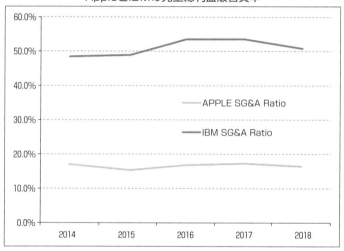

AppleとIBMの売上総利益販管費率

参照：Morningstar ウェブサイトより筆者作成

売上総利益販管費率	2014	2015	2016	2017	2018
APPLE SG&A Ratio	17.0%	15.3%	16.8%	17.3%	16.4%
IBM SG&A Ratio	48.4%	48.9%	53.5%	54.0%	51.1%

参照：Morningstar ウェブサイトより筆者作成

いかがでしょうか？ Appleを見ると大きく変動しているという印象は受けません。実数で見れば，販管費は伸びているのですが，それと同じ分だけ売上総利益が伸びているようです。

その一方で，IBMの販管費率は非常に高くAppleの3倍近くになっており，またその水準も安定していないことがわかります。この状況を簡単に

分析すると，人件費や広告宣伝費などを費やしてもそれに見合った効果を出しにくい状況が推測されます。

　日本企業も，最近は少しずつ変化しているものの，いまだに大手代理店に依存しているように広告宣伝費の使い方を変えることができません。人件費についても年功序列や終身雇用に起因するコスト拠出が過大な販管費となっているため，自然に営業利益や純利益が押し下げられてしまう状況のようです。

　ちなみに，バフェットが常に気にかけている開発費用などのトレンドはどうなのでしょうか？　絶対値と百分率のどちらで見てもAppleの開発費は増加しています。対売上総利益で考えると，以下のように5％近くも大きくなっています。一方のIBMも同様に開発費は増えています。

売上総利益開発費率	2014	2015	2016	2017	2018
APPLE　R&D/Gross Profit	8.56%	8.62%	11.92%	13.13%	13.98%
IBM　R&D/Gross Profit	11.7%	12.9%	15.0%	16.0%	14.6%

参照：Morningstar ウェブサイトより筆者作成

　売上総利益は企業が製品やサービスを提供したことによる儲けですが，この儲けのうち開発費に14％近く費やしているわけです。もちろん，最近のトレンドを考えると開発に使うことは決して悪いことではありませんが，その対売上総利益の割合が高くなれば，バフェットの視点からも注視するべき数値になるのかと思います。

ROAとROEで比較する

　次にROAとROEのトレンドを見ていこうと思います。ここではAppleの貸借対照表から総資産を見ていきましょう。

APPLE BALANCE SHEET （百万ドル）	2014	2015	2016	2017	2018
Assets　資産					
Current assets　流動資産					
Total cash　現金・現金同等物・短期投資含む	25,077	41,601	67,155	74,181	66,301
Receivables　売掛金	17,460	16,849	15,754	17,874	23,186
Inventories　在庫	2,111	2,349	2,132	4,855	3,956
Deferred income taxes　繰延税金	4,318	5,546			
Non-current assets　非流動資産					
Property, plant and equipment　有形固定資産	39,015	49,257	61,245	75,076	90,403
Accumulated Depreciation　減価償却累計額	-18,391	-26,786	-34,235	-41,293	-49,099
Equity and other investments　株式その他投資	130,162	164,065	170,430	194,714	170,799
Goodwill　のれん	4,616	5,116	5,414	5,717	
Intangible assets　無形固定資産	4,142	3,893	3,206	2,298	
Total assets　総資産合計	231,839	290,479	321,686	375,319	365,725
Liabilities　負債					
Current liabilities　流動負債					
Short-term debt　短期借入	6,308	10,999	11,605	18,473	20,748
Accounts payable　買入債務	30,196	35,490	37,294	49,049	55,888
Taxes payable　未払税金	1,209				
Accrued liabilities　未払金	6,480	25,181	22,027	25,744	
Deferred revenues　前受収益	8,491	8,940	8,080	7,548	7,543
Other current liabilities その他流動負債	10,764				32,687
Non-current liabilities　非流動資産					
Long-term debt　長期借入金	28,987	53,463	75,427	97,207	93,735
Deferred taxes liabilities　繰延税金負債	20,259	24,062	26,019	31,504	426
Other long-term liabilities　その他長期負債	4,567	9,365	10,055	8,911	44,754
Total liabilities　総負債	120,292	171,124	193,437	241,272	258,578
Stockholders' equity　自己資本					
Common stock　普通株式	23,313	27,416	31,251	35,867	40,201
Retained earnings　利益剰余金	87,152	92,284	96,364	98,330	70,400
Total stockholders' equity　総株主資本	111,547	119,355	128,249	134,047	107,147
Total liabilities and stockholders' equity 資本及び負債合計	231,839	290,479	321,686	375,319	365,725

参照：Morningstar ウェブサイトより筆者作成

　ちなみにバフェットは，ROAの計算には純利益を使うことにしていました。そして，AppleとIBMのROAとROEを計算した結果，以下のよう

な結果になりました。

(百万ドル)

Apple ROA	2014	2015	2016	2017	2018
純利益	39,510	53,394	45,687	48,351	59,531
総資産平均	231,839	233,715	215,639	229,234	370,522
Apple ROA	17.0%	22.8%	21.2%	21.1%	16.1%

IBM ROA	2014	2015	2016	2017	2018
純利益	12,022	13,190	11,872	5,753	8,730
総資産平均	121,879	114,013	113,982	121,414	124,368
IBM ROA	9.9%	11.6%	10.4%	4.7%	7.0%

Apple ROE	2014	2015	2016	2017	2018
純利益	39,510	53,394	45,687	48,351	59,531
自己資本平均	111,547	115,451	123,802	131,148	120,597
Apple ROE	35.4%	46.2%	36.9%	36.9%	49.4%

IBM ROE	2014	2015	2016	2017	2018
純利益	12,022	13,190	11,872	5,753	8,730
自己資本平均	17,330	13,065	16,254	17,920	17,262
IBM ROE	69.4%	101.0%	73.0%	32.1%	50.6%

参照：Morningstar ウェブサイトより筆者作成

次の左グラフは2社のROA、右グラフはROEの時間的推移を表したものです。

〈AppleとIBMのROA〉　〈AppleとIBMのROE〉

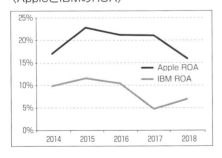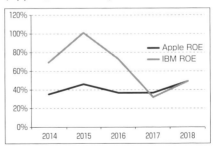

参照：Morningstar ウェブサイトより筆者作成

Appleは、2015年の水準と比べるとROAは落ち込む傾向にあることが

わかります。しかし，すでに説明したとおり，高いROAだから長期的な競争優位であるとは判断できません。というのも，ROAが高いのに競争優位がない場合もあれば，ROAは低いのに競争優位がある企業も存在するためです。

その一方でIBMは，ROAは下落基調にありますが，ROEが2015年に100%を超える異常な数値を出しています。これは，借金をしてROEを求めるのに使う財務レバレッジを高め，自社株買いという株主還元をおこなった結果ではないかと考えられます。そして2015年以降のIBMのROEは下降し続けている状況で，Appleと比べると安定していない数値であることがわかります。

EPSと純利益成長率で比較する

収益性の最後に，EPS（1株あたりの純利益）の安定性と純利益成長率を両社で比較してみましょう。EPSの推移をグラフにしてみました。

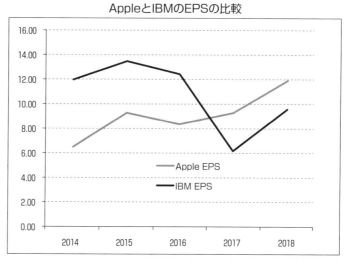

参照：Morningstar ウェブサイトより筆者作成

	2014	2015	2016	2017	2018
Apple EPS	6.49	9.28	8.35	9.27	11.91
growth rate		43%	-10%	11%	28%
Apple the number of shares	6,086	5,753	5,471	5,217	4,750
IBM EPS	11.97	13.48	12.43	6.17	9.57
growth rate		13%	-8%	-50%	55%
IBM the number of shares	1,004	979	955	933	890

参照：Morningstar ウェブサイトより筆者作成

　あくまでも相対比較になりますが，Appleの場合は時間とともにEPSが上昇傾向にある一方で，IBMは低下傾向にあります。EPSは低調なのにもかかわらず，借金をしてまでも自社株買いをする。バフェットが，最終的にIBM株式を手放した理由も，そこにあったのかもしれません。

PART 2 バフェット流 英文決算書分析術

CHAPTER 7

バフェット流 効率性分析

効率性分析では，企業が営業活動でどれだけ効率良く保有資産を利用しているかを見ます。

この効率性を調べるためには，その企業の営業活動サイクルを知らなければなりません。例えば，製造業の営業活動は以下のように循環していくのが一般的です。

①原材料仕入→②棚卸資産（製品）→③売上
→④売掛金→⑤現金→①原材料仕入れ

このサイクルで肝になるのが，循環スピードです。これを上げていくことが，営業活動における効率の良さにつながり，ひいては企業の長期的な競争優位になるとバフェットは考えています。

CHAPTER 7
7-1 総資産回転率

POINT Total Asset Turnover is an approach to assessing management's effectiveness in generating sales from investments in its assets.
総資産回転率は，経営者がいかに効率良く資産投資を通じて売上を得たのかを評価する方法の１つです。

総資産回転率（Total Asset Turnover）では，「企業がどのような営業活動をおこなっているか」がわかります。資産を大量に保有する営業スタイルなのか？ それとも，資産は持たずに営業するスタイルなのか。総資産回転率は，以下の式で求めることができます。

$$\text{総資産回転率 (Total Asset Turnover)} = \frac{\text{売上高 (Sales)}}{\text{期首・期末平均総資産 (Average Total Assets)}}$$

この数値が小さい場合，たとえば店舗や設備が必要になる製造業等が想像されます。また大きい数値だと，そのような設備が必要のない小売業やサービス業等かもしれません。薄利多売の企業は，当然設備投資を頻繁におこないます。

長期的な競争優位を持つことを重視するバフェットが投資の意思決定をするうえで，この数値の大小は重要な判断基準です。

ちなみにAmazonは，この数値が他社と比較して大きいです（2017年の決算ベースで約160％）。これは，Amazonは売上高が高い一方で，店舗などを持たないビジネスモデルのためです。

総資産の分母が小さくなり，非常に高い総資産回転率といえます。

総資産回転率とROAとの関係

ちなみに、この総資産回転率ですが、以下のとおりROAと密接な関係を持っています。

$$ROA = \frac{売上高}{総資産} \times \frac{純利益}{売上高}$$

効率性の総資産回転率と収益性の売上高純利益率を掛け合わせて求めることができるのです。この数値により、効率面と収益面でROAにどれほど貢献をしているのかをみることができます。

バフェットは、その企業の資産がどのように効率的に生み出されているのかを気にします。たとえば、Amazonのケースだと100円の資産が160円の売上になるということは、競争優位を見るポイントとして大事な指標となるのです。

CHAPTER 7
7-2 棚卸資産回転率

POINT
Inventory Turnover measures the efficiency of the firm in managing and selling inventory. It is also a gauge of the liquidity of a firm's inventory.
棚卸資産回転率は，企業における棚卸資産の管理から販売までの効率性を測るものです。またこれは企業在庫の流動性の尺度でもあります。

バフェットが注目する指標の1つとして棚卸資産（Inventory）があります。この棚卸資産が売却されて売上に計上されます。その売上は（多くの場合）売掛金となり，売掛金から現金となります。つまり，棚卸資産の積み重ねが売上高になっていくのが通常のビジネスサイクルでしょう。売上原価は棚卸資産の何倍にあたるのかを表すのが，**棚卸資産回転率(Inventory Turnover)** です。

計算で，売上ではなく売上原価を利用するのは，売上は売上原価にマージン（儲け）を足したものなので，回転率が自然に高くなってしまうからです。売上原価を使えば，企業のマージン部分を排除した，本当の企業の効率性を見ることができます。

$$\frac{\text{棚卸資産回転率}}{\text{(Inventory Turnover)}} = \frac{\text{売上原価 (Cost of Goods Sold)}}{\text{期首・期末平均棚卸資産 (Average Inventory)}}$$

棚卸資産回転率が上下する企業は……

さて，この数値はなぜ大事なのでしょうか？
棚卸資産は，在庫レベルが高くても売れ残りリスクがあり，低ければ売

上機会を逃すリスクがあるため,コントロールが難しいといわれています。
　したがって,適正なベンチマークの水準はなく,時間とともにどのように変動したかが重要な視点になるのです。そのため,バフェットは棚卸資産回転率が激しく上下動していると,激しい競争市場で頻繁に棚卸資産を変動させる必要がある企業だと判断します。在庫調整を頻繁に実施する企業は長期的な競争優位を持たない疑いがあると考えるのです。

CHAPTER 7
7-3 売上債権回転率

POINT
Accounts Receivable Turnover indicates how many times, on average, accounts receivable are collected during one fiscal year.
売上債権回転率は,一会計期間の間で,何回売上債権が回収されたのかを表すものです。

売上を計上すると売掛金が計上されます。売掛金が現金に変わっていかなければ企業は生きていくことはできません。そこで,売ってその代金を回収するまでに年間何回回転するか? を考えるのが,**売上債権回転率(Accounts Receivable Turnover)** です。

$$\text{売上債権回転率(Accounts Receivable Turnover)} = \frac{\text{売上高(Sales)}}{\text{平均売上債権(Average Accounts Receivables)}}$$

競争が激しいほど売掛金が増加

バフェットは,この売上債権回転率に注目します。なぜなら,業界で競争が激しくなっていると売掛金が増加してくるためです。

売掛金は,支払い期日までの期間が長いほど取引業者(支払い側)にとっては有利です。競争が激化し,その中で取引先を増やそうとすると,支払いまでの期間が長くなりがちです。このように売掛金が増加しているということは,取引相手と交渉することができない,つまり競争優位を持てないビジネスモデルなのかもしれません。

業種による差があることにも注意

　一般的には売上高回転率は，小売業などで高くなります。家計を対象としていれば，電子マネーを含む現金取引がメインになるためです。
　一方，製造業や卸売業などの企業を相手にしたB2Bビジネスでは低くなる傾向です。

CHAPTER 7

7-4 AppleとWalmartを比較してみる

総資産回転率で比較する

それでは，AppleとWalmartの総資産回転率をグラフで比較していきましょう。分析期間は2014年から2018年までです。計算をする場合，期首と期末の総資産を平均するため，5年間の経緯を分析する場合6年分のデータが必要になることに注意が必要です。

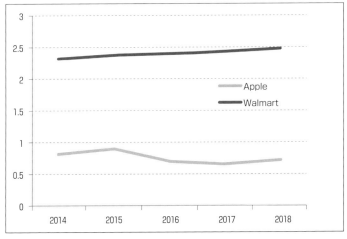

参照：Morningstar ウェブサイトより筆者作成

棚卸資産回転率で比較する

棚卸資産回転率の両社のデータは以下のとおりです。

ちなみに，棚卸資産回転日数は，在庫である棚卸資産を1日あたりの売上高で割ることで，在庫が1回転するまでに必要な日数を示します。この日数が短いほど在庫を持ってから販売されるまでの期間が短いことを意味します。

棚卸資産回転率＆日数	2014	2015	2016	2017	2018
Apple（回転率　左軸）	57.94	62.82	58.64	40.37	37.17
Walmart（回転率　左軸）	7.98	8.11	8.06	8.26	8.60
Apple（回転日数　右軸）	6.30	5.81	6.22	9.04	9.82
Walmart（回転日数　右軸）	45.19	44.99	45.30	44.21	42.44

参照：Morningstar ウェブサイトより筆者作成

　では次にグラフで数値を確認していきましょう。破線は右軸の数値を参照にしてください。

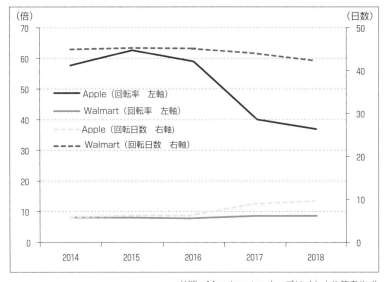

参照：Morningstar ウェブサイトより筆者作成

　上記を見るとAppleの棚卸資産回転日数がとにかく低いのがわかります。

ある商品が在庫にある期間が10日に満たない数字になっています。データミスではないかと目を疑ってしまうくらいです。

この理由は，Appleが総資産の１％しか在庫を持たないためです。デバイス製造をすべて委託して過剰な在庫を持たないAppleの経営方針によるのでしょう。

売上債権回転率で比較する

最後に売上債権回転率ですが，両社の数値を確認してみましょう。

売上債権回転率	2014	2015	2016	2017	2018
Apple	11.96	13.62	13.23	13.63	12.94
Walmart	71.30	72.19	77.75	84.80	87.40

参照：Morningstar ウェブサイトより筆者作成

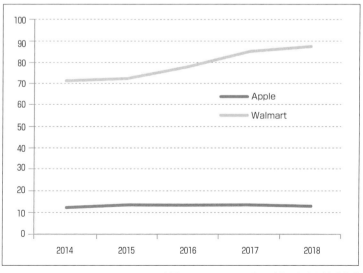

参照：Morningstar ウェブサイトより筆者作成

グラフでは，Appleは継続的に13回と安定した数値となっていることがわかります。
　一方で，Walmartが属する小売業は取引が現金等での支払いが中心なので，売上債権は大きく膨らまず，回転率自体が非常に高いです。
　ただ，Walmartは売上規模を拡大して利益を確保する「薄利多売」ビジネスモデルであり，売上が頭打ちになると成長が止まります。現在，モノの購入は店舗からeコマースが中心になってきており，Walmartはeコマースにうまくシフトできていないため，今後の成長が見込めないリスクがあるともいえます。バフェットはそこに不安を感じたのかもしれません。

　結論として，Appleの効率性は，棚卸資産回転率以外は安定した数値で推移しているように見えます。棚卸資産回転日数も多少の変動はありますが，そもそも他社を寄せ付けない高いレベルをキープしているといえます。トヨタ自動車の棚卸資産回転日数は40日前後ですから，どれだけAppleの10日前後という数値がすごいかがわかります。

　ちなみに，Appleは在庫を持たないと前述しましたが，これは簡単なことでは決してありません。なぜAppleは，このようなことができるのでしょうか？
　それはAppleがブランド，製品競争力，そしてサプライヤーへの交渉力を持っているためです。
　顧客はAppleというブランド製品を持ちたいので，それがサプライヤーに対する強い交渉力につながっているのです。このAppleのユニークなサプライチェーンは，長期的競争優位につながるのだとバフェットは考えているのでしょう。

PART 2　バフェット流　英文決算書分析術

CHAPTER 8

バフェット流
安全性分析（ストック）

安全性分析には，貸借対照表を用いる「ストック分析」とキャッシュフロー計算書を用いる「フロー分析」があります。

ストック分析とは，貸借対照表で企業の財務的な安全レベルを見るものです。銀行からの借入等，他人資本に対しての依存度が高い場合，返済能力への懸念が上昇します。すぐに支払いが可能な資産があるのかを定点観測することは大事です。PART1では，どちらかというと債権者（銀行等）視点での安全性でしたが，バフェットのような投資家目線も含めて考えていきます。

本章では，ストック分析について，次章でフロー分析について解説します。

CHAPTER 8

8-1 負債資本比率

POINT Debt-to-Equity Ratio considers the riskiness of the firm's capital structure in terms of the relationship between the creditors (debt) and investors (equity).
負債資本比率は，債権者と株式投資家の関係における企業の資本構成のリスク度合いを考えるものです。

企業の経営で，安全性を考える際に重要なのが**負債資本比率（Debt-to-Equity Ratio）**です。バフェットも安全な経営状態を判断するうえで大切にしている指標です。

$$\frac{負債資本比率}{(Debt\text{-}to\text{-}Equity\ Ratio)} = \frac{負債（Total\ Liabilities）}{（自己株式を含めた）自己資本（Total\ Equity）}$$

MEMO 自己株式（or 金庫株 Treasury Stock）とは発行体企業が市場から買い戻した（repurchase）株式です。
ちなみに，Outstanding Stock（発行済み株式）は現在株主に保有されている株式のことを指します。

自己株式を含める理由

ところで，自己株式を分析に含めるのはなぜでしょうか。

それは，自己株式を買った源泉（資金）が営業活動からの利益だからです。自己株式を除外して計算してしまうと，長期的な競争優位を保有する企業でも，負債比率の数値が低くなってしまい，判断を見誤ってしまいま

す。

　長期的な競争優位を持つ企業は，稼ぐ力を備えているため潤沢な自己資本の積み上げをする必要ありません。もしそこでキャッシュを稼いだとしても，投資家に利益還元するため自社株買いを実施します。自己資本の数値が上下動しないため，負債比率はあまり大きく変動しません。

　このような理由から，本当の安全性を見るためには，自己株式（金庫株）をすべて加えるのです。

　似たような比率ですが，負債比率（Debt Ratio）・自己資本比率（Capital Adequacy Ratio）も，ここでご紹介しておきます。

負債比率

　負債比率は，総資産を購入するためにどれぐらいの他人資本（借入）割合を使ったのかを表すものになります。

$$\frac{負債比率}{(Debt\ Ratio)} = \frac{負債合計（Total\ Liabilities）}{総資産（Total\ Assets）}$$

自己資本比率

　この総資産を使った負債比率の分子を自己資本に変えたものが，自己資本比率になります。

$$\frac{自己資本比率}{(Capital\ Adequacy\ Ratio)} = \frac{自己資本（Total\ Equity）}{総資産（Total\ Assets）}$$

　負債比率が上がると，利払いも増加し安全性が下がります。そのため基本的に負債比率は低位で推移が好ましく，自己資本比率は高いほうがよい

ということです。

　ただ，バフェットはこれら数値の大小だけを見て企業の優位性を判断しません。前述のとおり，バフェットは長期的に競争優位を持つ企業は，自己資本を積み上げる必要がないと考えます。つまり，自己資本比率が高ければよいわけではなく，過去と比べて安定しているのかどうかが重要なのです。

CHAPTER 8
8-2 財務レバレッジ比率

POINT

Financial Leverage Ratio measures the amount of total assets supported for each one money unit of equity.

財務レバレッジとは、1単位あたりの資本がどれだけの資産に振り分けられているかを測るものです。

財務レバレッジ（Financial Leverage RatioまたはFinancial Leverage）は、企業の安全性を測る指標です。企業が、保有する自己資本を担保にどれぐらいの借入をおこなっているかをみます。以下の式で表すことができます。

$$\text{財務レバレッジ (Financial Leverage Ratio)} = \frac{\text{総資産 (Total Assets)}}{\text{自己資本 (Total Equity)}}$$

財務レバレッジが高くなる（＝借入が多い）とROEも同時に上がります。借入からの経営拡大の可能性が高くなる一方で、借入金利の支払いが負担になり経営が行き詰まってしまうことがあります。攻めの姿勢ですが、後先を考えていないともいえます。

財務レバレッジとサブプライム危機

銀行のような調達をしたお金のすべてを貸出に回すビジネスモデルは必然的に財務レバレッジの数値は高くなるため、他業種とは別に判断するべきでしょう。

ただ、サブプライム危機で破綻したり救済措置をうけた投資銀行や政府

系金融機関のほとんどが，自己資本の何十倍もお金を借りて，お金を貸していました。その貸出先がサブプライムと呼ばれる富裕層ではない家計であったため，景気が悪くなったとたん支払停止になり，彼らに貸していた銀行等は破綻の道を歩んでしまったわけです。

CHAPTER 8
8-3 インタレストカバレッジレシオ

> **POINT**
> Interest Coverage Ratio measures the number of times a firm's EBIT could cover its interest payment. Hence, it is sometimes called as "times interest earned"
> インタレストカバレッジレシオは，企業のEBITが利子支払いの何倍にあたるかを測るものです。そのため，times interest earnedともいいます。

インタレストカバレッジレシオ（Interest Coverage Ratio）は，バフェットが重視する安全性指標の１つです。本業で稼いだ利益が支払利息の何倍にあたるかをみます。

$$\text{インタレストカバレッジレシオ（Interest Coverage Ratio）} = \frac{\text{EBIT}}{\text{支払利息（Interest Expense）}}$$

EBIT（Earnings Before Interest and Tax）は，「税引前当期純利益＋支払利息－受取利息」で求めます。このEBITは営業利益に変更しても問題ありません。

> **MEMO**
> 厳密に考えた場合，計算は少し複雑になります。分子の営業利益は，営業利益＋受取利息＋受取配当金になり，分母の支払利息は支払利息＋手形割引料になります。

支払利息がどれくらい経営を圧迫しているか

バフェットがこの指標で気にするポイントは，分母の支払利息（営業経費ではない財務から発生した経費）がどれぐらい経営を圧迫しているかです。

分母の支払利息は製造・販売といった本業と切り離して考えるべき経費

です。もし支払利息が大きければ，インスタントカバレッジレシオが低くなります。

　インスタントカバレッジレシオが低い場合，生き残りのために絶えず借入れをして設備投資を迫られている状況にあると予想できます。もちろん，業種によっても異なり，製造業や小売業などは支払利息のほうが大きくなってしまう傾向にあります。

　企業が成長していくとともに借金が増加していくのは当然ですが，インタレストカバレッジレシオは1つの安全性の判断基準となります。

バフェットはEBITDAが嫌い？

　バフェットは2002年の「バフェットからの手紙」で，EBITDAには気をつけろと言っています(注)。EBITDAとは，103ページで紹介したEBITもしくは営業利益にdepreciation（有形固定資産の減価償却）とamortization（無形資産の償却）を足し戻したものです。

　これを企業の評価に使ってしまうと，実際に費用として使ったのにもかかわらず，足し戻した値を評価として取り扱うことになるため，バフェットはよくないと訴えています。

　具体例で考えていきましょう。資産を購入したとして数年後も同じ価値（収益力）を持っているとは考えにくいです。通常は，修理をしたり，新しい設備を購入して追加投資するのが普通です。それがEBITDAのように減価償却費を加えてしまうと，ずっと資産の価値が変わらないことが前提になるため，本当の業績を見誤ってしまうのです。アメリカのワールドコムはこのEBITDAを使って業績を実際より良く見せて，その結果，破綻しました。そのため，バフェットはEBITDAは過度に信じないように主張するのです。

　（注）　http://www.berkshirehathaway.com/letters/2002pdf.pdf
　　　　この中の20ページ 7段落目参照

8-4 Coca-ColaとGEを比較してみる

負債資本比率で比較する

　では，実際に企業を比較してみましょう。ここでは，バフェット銘柄は小売業であるCoca-Cola，比較対象として多国籍コングロマリット企業であるGeneral Electric Company（以下，GE）を取り上げます。

　ここでは，両社の負債資本比率の過去5年間の推移を比較していきます。繰り返しになりますが，期首と期末の平均を計算するため，4期分しか計算していないことに注意してください。

　前述のとおり，負債資本比率を計算する際には，自己株式の存在を加味します。細かい話を言うと，本来自己株式は資本の部からマイナスする要素ですが，自社株式分を足し戻すことで企業の本来の価値を評価するのです。というのも，自社株式の保有は，それだけキャッシュの余裕がある証拠だとバフェットは考えるからです。自社株買いによる自己株式の保有は，それだけキャッシュの余裕があるという証拠だとバフェットは考えるのです。

　BSを見ると，Coca-ColaとGEともに自社株買いをしているのがわかります。ここでは両社の比率を比較分析してみます。

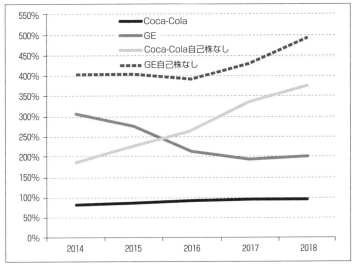

参照：Morningstar ウェブサイトより筆者作成

負債比率	2014	2015	2016	2017	2018
Coca-Cola	81.89%	88.18%	90.88%	97.29%	97.40%
GE	304.23%	275.02%	213.23%	195.77%	200.77%
Coca-Cola自己株なし	186.77%	225.94%	264.82%	336.45%	373.44%
GE自己株なし	404.36%	403.92%	392.74%	430.46%	493.62%

参照：Morningstar ウェブサイトより筆者作成

　キャッシュという安全資産を保有しているのでCoca-Colaは自社株買いを実行できます。ただ，もし購入した自己株式を加味しないで負債資本比率を計算するとCoca-Colaも安全性に欠ける企業に見えてしまうかもしれません。

　Coca-Colaと比較すると，GEは安全性が低く見えます。GEも，自社株買いはおこなっているものの，自社株買いを実施してもCoca-Colaと比べると負債資本比率が非常に高い状況です。

バフェットの負債資本比率へのルール

　バフェットが保有する銘柄を見ると，負債資本比率の基準ルール値は80％－100％のようです。

　ただし，例外はあって，金融機関がその代表です。前述のとおり2018年末のバフェットポートフォリオのTOP10の7社が金融機関ですが，負債資本比率は高いです。それは，金融機関は調達したお金（負債）を運用し，金利差で稼ぐビジネスモデルのため数値が高くなるからです。金融機関，特に巨大銀行の場合は平均して負債比率は1000％を超えます。

財務レバレッジで比較する

　さて，自己資本の何倍の資金を運用しているのかを表す財務レバレッジを見てみましょう。「銀行に担保を差し出して，その何倍のお金を借りているか」と考えてもよいです。

Coca-ColaとGEの財務レバレッジの比較

参照：Morningstar ウェブサイトより筆者作成

財務レバレッジ	2014	2015	2016	2017	2018
Coca-Cola	125.74%	127.21%	125.19%	126.20%	123.52%
GE	379.47%	343.10%	267.52%	241.25%	241.44%

参照：Morningstar ウェブサイトより筆者作成

　Coca-Colaは120%前後で推移し，ほぼ無借金経営に近い状態です。それに対しGEはかなり高い水準ですが，減少傾向にあります。

　Coca-Colaと比較すると高く，安全面で不安がありそうに見えますが，そうとも言い切れません。

　たとえば，GEの2017年の財務レバレッジを見ると約240%，総資産の約40%が自己資本であることがわかります。これはアメリカ企業の平均で考えると高いレベルです。Coca-Colaのような無借金に近い状態こそが稀なのです。

　借入をしなくてもビジネスが成立する企業は，長期的な競争優位を保持しているといえます。だからこそ，バフェットは長年Coca-Colaに投資し続けているのです。

インタレストカバレッジレシオで比較する

　では，インタレストカバレッジレシオを見ていきます。インタレストカバレッジレシオを求めるためにEBITを使いますが，両社ともに，導出できない年次があるため代わりに営業利益を使って求めています。

　Coca-Colaは20倍を超えるインタレストカバレッジレシオを保有していましたが，近年では10倍程度となりました。

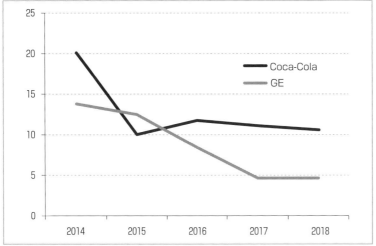

Coca-ColaとGEのインタレストカバレッジレシオの比較

参照：Morningstar ウェブサイトより筆者作成

インタレストカバレッジレシオ	2014	2015	2016	2017	2018
Coca-Cola	20.10	10.20	11.77	11.21	10.63
GE	13.82	12.53	8.42	4.79	4.78

参照：Morningstar ウェブサイトより筆者作成

　なぜCoca-Colaのインタレストカバレッジレシオは下落したのでしょうか。インタレストカバレッジレシオを構成するのは，EBIT（≒営業利益）と支払利息の組み合わせですが，この2つの推移を見てみましょう。

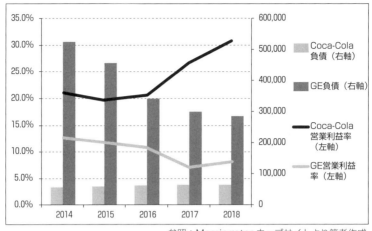

Coca-ColaとGEの負債と営業利益率の比較

参照：Morningstar ウェブサイトより筆者作成

　Coca-Colaは，絶対値では減収増益ですが，非常に高い営業利益率が続いています。GEが負債を着実に減少させ続けている一方で，Coca-Colaは負債が増加傾向でしたが少し落ち着き，インタレストカバレッジレシオも改善してきているのではないでしょうか。

　ちなみに，負債の内訳を過去の決算書から眺めると，短期借入よりも長期借入を増加させていることがわかります。

> MEMO　2017年9月に玩具大手のトイザらスが連邦破産法11条を申請して破綻しました。このトイザらス破綻の理由は，2005年からの急激な負債の増加と言われています。負債の増加はすなわち支払利息の増加につながり，そこが破綻の直接的な原因とみられています。

　ここまで，ストック分析について解説しました。次のCHAPTER9からはフロー分析に入っていきましょう。

黒字倒産のしくみ

どういう仕組みで黒字倒産が起きるのでしょうか？

効率性で紹介した営業サイクルを体系図に直して考えてみましょう。

下図からわかるように，「仕入れから仕入債務の支払い」と「売上から売上債権の現金化」には時間差があります。この時間差による資金不足を「運転資本（棚卸資産＋売上債権－仕入債務）」といい，この数値が大きくなるほど倒産可能性が高いといえます。

売上が成長し続けたとしても，この資金不足を担保できるキャッシュがなければ企業は手形の不渡り等で倒産しかねないのです。

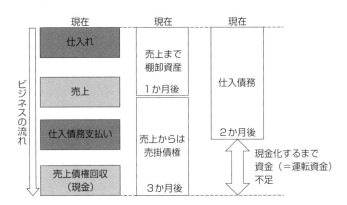

この運転資金を賄うキャッシュが必要ですが，キャッシュの積み上げには，以下の4つの方法があります。

① 社債や株式発行で資金調達する場合
② 資産や事業を売却してしまう場合
③ 支出を減らす
④ 運転資金以上の収益を出す

当然バフェットは④の方法を好みますが，この4つの区別にはキャッシュフロー分析が役立ちます。

PART 2　バフェット流　英文決算書分析術

CHAPTER 9

バフェット流
安全性分析（フロー）

前章では，安全性分析のうちストック分析について解説しました。本章では，フロー分析を解説します。

キャッシュフロー計算書で，どのようにキャッシュが回っているかを考えます。資金調達の安定度や，資金調達と運用のバランスを確認します。

利益をあげていたにもかかわらず破綻してしまう黒字倒産は多々あります。それに対し，債務超過になっていたとしても，キャッシュがあれば破綻はしないのです。

CHAPTER 9

9-1 営業CFマージン

POINT
The cash flow margin measures the ability of the firm to translate sales into cash.
営業キャッシュフローマージンは，企業が売上高をキャッシュに転換することができる能力を測るものです。

営業キャッシュフローマージン（Cash Flow Margin）は以下の式で求めることができます。

$$\text{営業キャッシュフローマージン（Cash Flow Margin）} = \frac{\text{営業CF}}{\text{売上高}}$$

事業継続のためには，運転資本以上のキャッシュフローを本業で稼ぎ出さねばなりません。つまり，営業キャッシュフローが毎年黒字である必要があります。

ただ，たくさんのキャッシュさえあればいいわけではなく，バフェットは売上が効率的に資金化されているかにも注目します。数値が高いほどうまく資金化されているといえます。また，適用する減価償却方法の影響を受けないという点でも優れた指標です。

数値が高ければ，ブランド力があり安定的な競争優位があるといえるでしょう。

CHAPTER 9

9-2 FCF

POINT

The excess of operating cash flow over capital expenditures is known generically as free cash flow (FCF). FCF is frequently employed to evaluate company value.

営業CFから投資CF(設備投資費用)を差し引いた超過分が通常FCFとして知られています(※設備投資等をしている場合)。FCFは,企業の価値を評価する際に使用されます。

FCF (Free Cash Flow) は,企業が自由に使えるキャッシュを指し,簡易的には以下の式で求めることができます。

> FCF=営業CF+投資CF

FCFF

厳密に求める場合には,FCFF (Free Cash Flow for the Firm) と呼ばれ,以下のような式で表すことができます(ただし,本書では以下統一呼称としてFCFを使います)。

> FCF=営業利益(1-法人税率)+減価償却費-正味運転資本増加額-設備投資額

アメリカ企業の多くは,FCFをKPI(業績評価指標)の1つとして重視[注]しています。なぜなら,企業価値の源泉がFCFにあると考えているためです。

(注) 藤田勉『コーポレートガバナンス改革時代のROE戦略─効用と限界─』中央経済社 2016年

FCFは，以下のとおりCF計算書の一番下にあります。

```
                         営業CF
Free Cash Flow
  Operating cash flow          10,542    10,615    10,528    8,796    7,106
  Capital expenditure          (2,550)   (2,406)   (2,553)  (2,262)  (1,675)
  Free cash flow                7,992     8,209     7,975    6,534    5,431
                         FCF                                    参照：Morningstar
```

固定資産投資との関係

　バフェットもこの指標を重視します。企業の固定資産投資への姿勢を知るためです。

　固定資産を頻繁に最新化している企業は，激しい競争にさらされている可能性があります。これは，固定資産への投資をする企業は優良ではないということではなく，純利益のうち高い割合を設備投資に向けなければならない企業は，長期的な競争優位を保持することは簡単ではないということです。

　最悪の場合，利益以上のお金を設備に投資しなければならないリスクもあるでしょう。このような，稼げる力以上の投資を迫られる企業は，その設備投資のために必要な超過資金を，社債発行や借入などの他人資本に頼らなければならないので，安全性が脅かされます。

　バフェットは以前，「ITや製薬系の企業には投資をしない」と発言しました。最近では考えを変え，IBMやAppleに投資をしていますが，基本姿勢としては多額の設備投資を必要とする企業への投資は控えているようです。

CHAPTER 9

9-3 財務CF

> **POINT**
> Cash Flow from Financing Activities usually include borrowing from creditors and repaying the principal, and obtaining resources from investors and providing them with a return on the investment.
> キャッシュフローの財務活動とは,通常債権者からの借入と元本の返済,資本を投資家から得たり,リターンをもらう出資などが含まれます。

財務CF(Cash Flow from Financing Activities)とは,借入,資本市場からの資金調達といったキャッシュインと,借入返済や社債償還,自社株買いや配当の支払いによるキャッシュアウトを表すものです。

> **MEMO**
> ただし,受取利息,受取配当金,支払利息は財務活動ではなく,営業キャッシュフローとして取り扱うことに注意しましょう。

主な営業以外の項目である財務の情報で競争優位を保持する企業が判断できるのでしょうか？

バフェットはこの財務CFのなかで,特に「企業が儲けた利益をどう使うか」に着目しています。

そして,企業が利益を出した時には,配当金を支払うより自社株買いをするほうが好ましいと考えます。

もちろん,利益還元は高い配当性向(配当/純利益)がよいとする意見もあります。しかし,株主であるバフェットにとってありがたい利益還元というのは,配当よりも,自社株買いをして発行済み株式総数を減らして

もらうことなのです。企業が1期間で儲けた利益剰余金の一部を自社株買いに回せば、1株あたりの利益（Earnings Per ShareもしくはEPS）を上昇させることにつながります。また、配当はその期間の課税対象になってしまう一方で、自社株買いは非課税であるため売却するまで税金が課されることはありません。これはバフェットのような投資家にとってありがたいことなのです。

自社株買いが配当よりもお得だという理由

株主還元の代表的な方法として配当分配と自社株買いがあります。

配当は前期で得た利益を株主に直接還元します。

一方、自社株買いは、企業の余剰資金を利用して企業が現在発行している株式を購入します。(注)

(注) 自社株買いをすると金庫株として純資産の部に計上されますが、これは再度資金調達に使う場合として消却してしまうケースがあります。

バフェットは、配当の分配よりも自社株買いが好ましいと考えます。

なぜなのでしょうか？ 簡単なモデルと数字を使ってその理由を証明してみましょう。

たとえばABC社という仮の企業を考えます。

売上と利益：一定（不変）
利益：10,000ドル（一定）
時価総額：1,000,000ドル　（時価総額とは、企業の現在の総価値を表したものです）
発行済み株式数：1,000株
株価：1,000,000ドル÷1,000株＝1,000ドル

配当分配の場合（今後3年間）　配当支払い10,000ドル/年

	株価	1株あたり配当（利益÷株式数）
1st year	1,000ドル	10ドル（10,000ドル/1,000株）
2nd year	1,000ドル	10ドル
3rd year	1,000ドル	10ドル

自社株買いの場合（今後3年間）　自社株買い10,000ドル/年

	株価	発行済み株数	自社株買い株数（利益÷株価）
1st year	1,000ドル	1,000株	10.0株（10,000ドル/1,000ドル）
2nd year	1,010ドル	990株	9.9株（10,000ドル/1,010ドル）
3rd year	1,020ドル	980株	9.8株（10,000ドル/1,020ドル）

　通常，時価総額の計算は，株価に株数をかけてあげることで求めることができます。ここでは，時価総額自体は動かないものとして，自社株買いが株価を上げるロジックを説明していきます。まず，ABC社が当期の利益分（10,000ドル）だけ自社株買いをしたとしましょう。すると現在の株価だと10株購入できることになります。これにより株数は1000株から990株へと減少します。時価総額に変化がなければ，これにより1,000,000ドル÷990株で1010ドルと株価が上昇することになるでしょう。これを続けることにより株価上昇を期待できるとということになるのです。

　ただし，ここで与えている条件は理論的かつ現実的ではないので，参考までにとどめておいてください。

CHAPTER 9
9-4 Coca-ColaとGEとGoodyearを比較してみる

営業CFマージンで比較する

ここでは、Coca-ColaとGE、そしてGoodyearの3社を比較します。

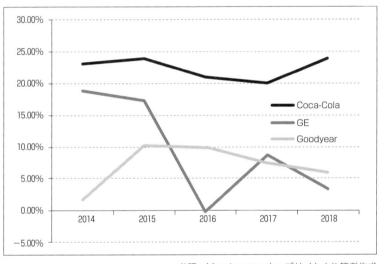

Coca-ColaとGEとGoodyearの
営業CFマージンの比較

参照：Morningstar ウェブサイトより筆者作成

グラフから、Coca-Colaが常に効率的な資金化をしていることがわかります。逆にGEやGoodyearはどうでしょうか？

GEは安定した数値を出すことができず、Goodyearは、10%以下の低位で推移しています。

Coca-Colaは売上高が2017年まで下落していますが、常に20%を超える営業CFマージンなので、バフェットは同社が長期的に競争優位を保持

していると考えているようです。

FCFで比較する

さて、FCFは営業CFと投資CFの動向をマトリクス図で可視化することで経営状況を把握できます。

①営業CF（＋）投資CF（－）	事業も好調で、それに並んで投資も積極的におこなっていることの証明になります。
②営業CF（＋）投資CF（＋）	事業は好調ですが、投資は消極的でむしろ回収している時期になります。
③営業CF（－）投資CF（＋）	事業は不調のため、投資を回収しながら経営を立て直している時期になります。
④営業CF（－）投資CF（－）	投資を継続しても、事業は不調な状況です。

上記①〜④をマトリクス図にしていきます。横軸に営業CF、縦軸に投資CFのレベルを表記します。営業CFレベルで考えると右半分はプラスで、左半分はマイナス。そして上半分は投資CFのプラスを表すので投資の回収・売却を表し、下半分はマイナスのため投資を積極的に実施していることになります。

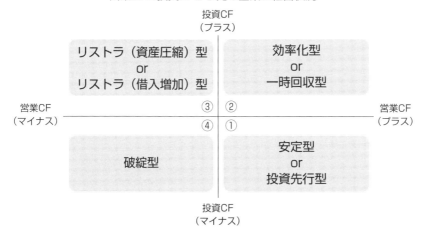

営業CFと投資CFから見る企業の経営状況

それぞれの象限の代表的なタイプを紹介していきましょう。

①の場合には，営業CFと投資CFの2つの大きさが異なる時に2つのパターンが出てきます。

安定型（営業CF（プラス）＞投資CF（マイナス））	新規設備投資額が営業CF以内に収まっているためキャッシュは増え続けていることになり，理想的かつ安定した企業。
投資先行型（営業CF（プラス）＜投資CF（マイナス））	アグレッシブに投資をしているためキャッシュが減っていく積極投資をおこなう企業。本業とは別に多角化も考えていたり，新興企業などもこれに当てはまるでしょう。

②の場合には，性質を知ることが大事になってきます。

一時回収型	キャッシュがないので一時的に資金回収をする。
効率化型	経営効率化のために遊休資産などを圧縮している。

③の場合には，営業CFがマイナスのため本業がうまくいっていません。

リストラ資産圧縮型（営業CF（マイナス）＜投資CF（プラス））	資産売却で少なくとも営業CFのマイナス分を消却しており，キャッシュはプラスに働きます。そのキャッシュで借入などの返済をおこなっている企業です。こういう企業は存在しなくなるだろうと思うかもしれませんが，実は多く存在しています。
リストラ借入増加型（営業CF（マイナス）＞投資CF（プラス））	資産売却をしても営業CFに追いつけない状況の企業です。残った保有資産を担保に金融機関から借入をおこなっている破綻危機直前の企業とも考えることができます。

では，Coca-Colaの過去5年間のデータを見て，キャッシュフローの状況は安定しているのかをキャッシュフローマトリクス^{（注）}を使って確認していきましょう。グラフ内の網かけは，その象限内での営業CFと投資CFの大小を判断するためのものです。

　（注）　キャッシュフローマトリクスは，山口揚平『デューデリジェンスのプロが教える 企業分析力養成講座』（日本実業出版社）で使用されていたマトリクスのことを指します。

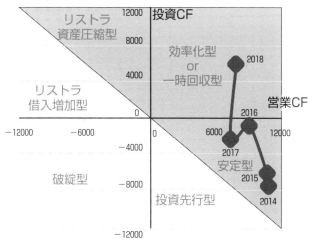

参照：Morningstar ウェブサイトより筆者作成

　本業での営業CFがプラスで安定したレベルをキープしています。そして投資レベルも2017年までは営業CFを上回らない程度にとどまっていました。2018年は一時的に投資キャッシュフローがプラスになっており，投資の回収が行われたと考えることができます。ただ総じてみると，前記①の安定型レベルにあてはまります。まさにバフェットが理想とするパターンです(注)。

　次にGEのキャッシュフローの状況を見てみましょう。

（注）　こちらは，サイト（https://www.hiroshijbsaito.com/）にアクセスしていただくと，キャッシュフローマトリクスのサンプルをダウンロードすることができます。ぜひ練習してみてください。

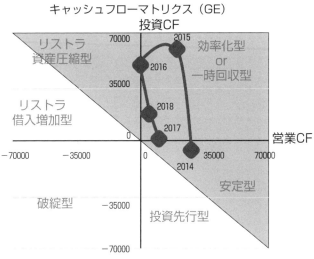

参照：Morningstar ウェブサイトより筆者作成

　Coca-Colaとは違い，営業CFのぶれ方が激しく，投資CFは毎年のようにプラスです。これは，GEが2015年から金融子会社をはじめ売却を通じて事業再編と効率化を進めたためです。次にGoodyearを見てみましょう。

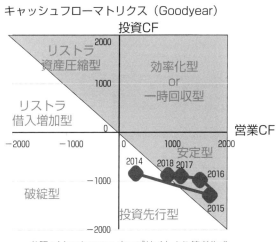

参照：Morningstar ウェブサイトより筆者作成

こちらはCoca-Colaと少し似ていますが，営業CF＜投資CFが多い時期があります。それだけ営業CF以上に投資をしなければならない時期があったということが読み取れます。
　①の投資先行型のケースにあてはまります。
　2015年のコストは住友ゴムとのアライアンス提携解消のためだったので，前向きな投資ではありませんでした。
　しかし2015年以降は営業CF以内で投資を続けているので，安定的な経営状況といえます。
　このように，キャッシュフロー計算書をそのまま眺めるのではなく，可視化することで，決算書を深読みすることができるのです。

財務CFで比較する

　では，財務CFで比較しましょう。財務CFには，配当支払いや自社株買いが記載されるので，自社株買いに注目します。
　自社株買いがどれぐらいおこなわれているのかを調べるのは，Morningstar内BSの最後部を参照してみてください。
　では，3社の株数と自社株買いの割合をグラフで見ていきましょう。
　まず，Coca-Colaは長年自社株買いを実施しています。そして，その割合も維持しています。

次にGEを見ます。

Coca-Colaと比較すると上下動が激しいかもしれませんが，こちらも自社株買いをおこなっている企業の1つです。最後にGoodyearを見ます。

最近,特にGoodyearは自社株買いに積極的なようです。

ただし,自社株買いのデータを見る際の注意があります。IBMは,自社株買いを積極的に実施していた企業でしたが,バフェットは手放しました。その理由は定かではありませんが,IBMが自社株買いを原資金を借り入れてまでおこなっていたことが1つの原因とされています。

Coca-Colaの安全性

他社と比較をした時,Coca-Colaはストック面,フロー面の両方で高い安定性を保有しているとわかります。

負債比率は自社株買いを考慮するとかなり低位で安定していますし,財務レバレッジもほぼ無借金に近いです。

また,営業CFマージンは高く安定,FCFも安定,財務CFからは,キャッシュの多さから自社株買いをしていることがわかります。それゆえ,バフェットも安全と判断したのでしょう。

分析の切り口はさまざま

　まず，分析対象となる企業がどのような業種にカテゴライズされるのか理解することは大事です。そこで，一般的に使われる分析の切り口を紹介していきましょう。

① 業種別分析

　本書ではバフェットが企業の長期的競争優位を保持しているかを分析する手法に焦点を当ててきました。しかしながら，もう少し深く考えると，業種・業界が違うとビジネスモデルが違うため，比較対象に適していない銘柄もあったりします。たとえばバフェット銘柄のTOP10の多くを占める銀行などは，あえて今回は比較をしませんでした。というのは，銀行や保険の決算書は，それ以外の業種のそれと比べ決算書内の項目等がかなり異なるからです。ビジネスモデルの違いを確認するまでに留めるほうがよいでしょう。

　以下は，世間で一般的に知られているグローバル企業をリスト化したものです。

小売銘柄	
アメリカ	Walmart Inc
アメリカ	Amazon.com Inc
アメリカ	Costco Wholesale Corp
フランス	Carrefour
日本	AEON Co ltd

通信銘柄	
アメリカ	AT&T　Inc
アメリカ	Verizon Communications Inc
日本	Softbank Group Corp
ドイツ	Deutsche Telekom AG
スペイン	Telefonica　SA

物流/運輸銘柄	
アメリカ	United Percel Service
アメリカ	FEDEX corp
アメリカ	Delta Air lines Inc
アメリカ	Southwest Airlines Co

IT銘柄	
アメリカ	Alphabet Inc（google）
日本	Yahoo Japan Corp
日本	Panasonic Corp
韓国	Samsung Electronics
アメリカ	Microsoft Corp
アメリカ	Oracle Corp
ドイツ	SAP SE
アメリカ	Facebook Inc
日本	Rakuten Inc

	消費銘柄
アメリカ	Coca-Cola Co
アメリカ	The Kraft Heinz Co
アメリカ	Johnson & Johnson
アメリカ	Procter & Gamble Co
イギリス	Unilever Plc
フランス	LVMH Moet Hennessy Louis Vuitton SE
オランダ	Heineken NV
フランス	Danone SA
日本	Japan Tobacco Inc

	製薬銘柄
スイス	Roche Holding AG
アメリカ	Pfizer Inc
スイス	Novartis AG
日本	Takeda Pharmaceutical CoLtd

　あくまでも一例に過ぎないのですが，これらを比較をすると同業界内の企業でどのような違いがあるのか？　ということを理解することができると思います。

② 前期との比較とトレンド分析

　また，本書では，前期との比較やトレンドなどを明確に定義しませんでした。しかし，短期視点と長期視点をもって決算書を分析することはとても大事なことです。

　前年度と比べてどのような変化があったのか？　一度決算書の比較表を作ることに慣れると今までのような抵抗感はなくなってくると思います。

自分で分析してみよう！

　ある程度理解を進めることができた方は，自分で興味のある企業を分析してみましょう。
　バフェットの視点からだけでなく，さまざまな視点で分析してみることで自分流の方法を見つけてはいかがでしょうか？

　本書ではバフェット視点で，企業の長期的競争優位について調べました。そのため，バフェットが好む企業とその分析手法だけに焦点を当てて比較した形になりました。少しでも決算書を身近に感じてもらえるように，業種にかかわらず読者が知っている企業を比較対象として抽出しました。
　ところが，本来の決算書の分析は，類似する業種やサイズなどで括って比較検証することになります。業種が違うということはビジネスモデルも違いますし，サイズが違ってくると収益構造やコスト構造も異なってくるためです。それに，切り口は1つではありません。
　そこで，最後に，読者の皆さん自身が興味のある企業を分析することで，決算書学習を総まとめし，それが本書では触れることができなかったさらに深い知識への探求につながればと思います。

　以下にアクセスして，エクセルファイルをダウンロードしていただくと，本書で取り扱った分析手法を参照できます。

www.hiroshijbsaito.com/jb-accounting

　こちらのフォーマットをコピーして，自身の興味のある企業の決算書の必要項目を入力して，分析してみてください。

巻末附録
会計英単語50

ここでは，英文決算書を読むのに必要な，最小限の英単語をピックアップしました。

BS（資産の部）

 Cash and Cash Equivalent（現金及び現金同等物）[1]

現金（Cash）は，会社の手元現金残高，要求払預金残高の合計です。要求払預金残高とは，預金者が要求すれば事前通知および違約金の支払いをおこなうことなく，いつでも自由に引き出すことのできる預金を指します。具体的には，普通預金，当座預金が該当します。

現金同等物（Cash Equivalent）とは，価値の変動が些少であり，購入時点において満期まで3か月以内のものをいいます。たとえば短期国債（**Treasury Bill**）[2]，コマーシャルペーパー（優良企業が発行する短期の約束手形）など，すぐに現金にできるものと考えてください。

例文 Cash is currency on hand and demand deposits with banks or other financial institutions. Cash equivalents are short-term, highly liquid investments that are readily convertible to known amounts of cash and are so near their maturity that they present insignificant risk of changes in value because of changes in interest rates.

現金には手許通貨はもちろん要求払預金が含まれます。
現金同等物とは，一定額に容易に換金可能であり，かつ満期までの期間が短いため，金利変動による価値の変動リスクが僅少な流動性の高い短期投資です。

（Abitus 英文会計入門テキストから）

 Accounts Receivable-Trade（売掛金）[3]

売掛金（Accounts Receivable-Trade）とは，本業の製品を掛けで販売，またサービスを掛けで提供した時に，いずれ代金を回収する権利をいいます。

132

Accounts Receivableとも呼ばれます。

　未収金（**Accounts Receivable-Other**）[4]と混同するかもしれません。未収金も代金を回収する権利ですが，本業以外の代金を回収する権利をいいます。たとえば，印刷会社が営業で使用していた車を，中古車市場で掛け販売した場合などはその代金を回収する権利は未収金になります。

> **例文** Accounts receivable are amounts that are owed to an entity by customers as a result of the entity's delivering goods or services on credit in the ordinary course of business.
>
> 売掛金とは，企業が通常の営業過程において，顧客に財貨やサービスを提供し，かつ信用を供与した結果として，顧客が企業に対して支払い義務を負っている金額である。
>
> （Abitus 英文会計入門テキストから）

Allowance for Doubtful Accounts（貸倒引当金）[5]

　相手を信用して掛けで物やサービスを提供したのに，支払ってくれない場合があります。掛けで販売して代金を回収できない場合，その売上債権は貸し倒れたといいます。

　そのような将来起こりうる状況を過去の経験から予測して見積もって備えるのが貸倒引当金です。

　財務諸表上のBSの表示には，売掛金と，貸倒引当金を2行で分けて計上する場合と，売掛金と貸倒引当金を相殺した額で計上する場合があります。

　後者の相殺する場合には，BS上には純額で表示し，貸倒引当金の詳細は，注記（**Notes Disclosure**）[6]で開示します。

> **例文** Allowance for doubtful accounts is a reduction of the total amount of accounts receivable appearing on a company's balance sheet. The allowance for doubtful accounts represents management's best estimate of the amount of accounts receivable that will not be paid by customers.
>
> 貸倒引当金は，経営者が買い手が払ってくれないであろう金額を見積もり，BSの売掛金総額から減額する資産のマイナス勘定です。　（Accounting Toolsから筆者改変）

Inventory（棚卸資産）[7]

　棚卸資産（Inventory）は販売目的の資産です。たとえば，イオン，ウォルマート，アマゾンなどの小売業やコストコなどの卸売業であれば，完成した製品を

他社から仕入れてマージンをつけて販売します。彼らの店頭に並んでいる商品や倉庫にある在庫は、販売目的の資産ですから棚卸資産です。

ではトヨタなど製造業ではどうでしょうか？　材料を仕入れて、自社工場で加工し完成品を製造します。もちろん、作りかけの車もあるでしょう。これを仕掛品といいます。材料、仕掛品、完成品、これらはすべてトヨタなどの製造業にとって棚卸資産に該当するのです。

> **例文**　Inventories are the goods being held for sale, as well as supplies, materials, and work-in-process that will be sold upon completion.
>
> 棚卸資産とは、販売目的で保有している財貨並びに貯蔵品、原材料及び完成後に販売される仕掛品を指す。　　　　　　　　　　　　　（Abitus 英文会計入門テキストから）

🔑 Marketable Securities（有価証券）[8]

有価証券（Marketable securities）は流動資産に分類されます。1年以内に売る予定の短期売買目的の有価証券と考えていただければと思います。有価証券と聞くと、株式（**Equity Securities**）[9]を連想する方が多いかもしれませんが、社債（**Corporate Bonds**）[10]も含まれます。Marketable（市場性のある）という単語からわかるように、比較的簡単に売買が可能なわけです。

※会社によっては、この項目は現金及び現金同等物（Cash and Cash Equivalent）や、短期投資（Short term investment）に含まれて記載される場合もあります。

> **例文**　Marketable securities are an easily traded investment that is readily converted into cash, usually because there is a strong secondary market for the securities.
>
> 有価証券は頻繁に売買される有価証券である。通常、活発な流通市場があるため現金化しやすい有価証券である。　　　　　　　　　　　　　　　　　（Accounting Tools）

🔑 Property Plant and Equipment（有形固定資産）[11]

有形固定資産（Property Plant and Equipment　もしくはPPE）は、自社での使用目的で、1年超使用する予定の有形の資産です。1年超使用することが前提のため、非流動に入ります。たとえば、自社使用目的で保有する土地（**Land**）[12]、建物（**Building**）[13]、設備（**Equipment**）[14]、機械（**Machinery**）[15]はすべて有形固定資産です。

ところで、自社使用目的の車を購入し、3年後、5年後もその車は同じ価値

を維持しているでしょうか。

車は1年で価値がガクンと落ちます。3年後、5年後はもっと価値は落ちます。

よって、$10,000で購入した車であったとしても、毎年価値を落としていく会計処理をおこなわなくては正確な価値を把握できません。後述しますが、その会計処理を減価償却といいます。

例文 Property, Plant and Equipment are tangible items that:
(a) are held for use in the production or supply of goods or services, for rental to others, or for administrative purposes; and
(b) are expected to be used during more than one period.

有形固定資産とは、次の基準を満たす有形の資産をいう。
(a) 財またはサービスの生産又は供給への使用、外部への賃貸、あるいは管理目的のために企業が保有するものであり、かつ
(b) 一会計期間を超えて使用されると予想される有形の資産をいう。
（Abitus 英文会計入門テキストから）

Investment Securities-Long term （投資有価証券）[16]

投資有価証券（Investment Securities-Long term）は、長期（Long term）、つまり1年以内には売却予定ではない有価証券をいいます。こちらも、株式だけでなく社債も含まれます。

例文 Investment securities are securities held for investment, such as equity securities or corporate bond that other entities have issued.

投資有価証券とは、投資目的で保有する他社が発行した株式や債券である。　（筆者）

Intangible Assets （無形資産）[17]

無形資産（Intangible Assets）とは、たとえば特許権（**Patent**）[18]、著作権（**Copyright**）[19]、商標権（**Trademark**）[20]、ソフトウェア（**Software**）[21]、のれんなど物理的な実体が存在しない資産があてはまります。

ただし、自社の作ったモノやサービスなどに対する特許権や著作権、商標権はBSに資産計上できないことに注意です。つまり、マクドナルドは自社のMマークを、ナイキもあの有名なマークを、商標権（無形資産）として自社のBSに計上できません。資産計上できる無形資産は、他社から商標権や特許権などの使用権を買ってきた場合であったり、ソフトウェアを購入した場合などだけ

です。

例文 Intangible assets are assets that lack physical substance.
無形資産は物理的実体のない資産です。（Abitus 英文会計入門テキストから筆者改変）

Goodwill（のれん）[22]

のれん（Goodwill）は企業買収の時に発生します。買収価格と被買収企業の時価（**Fair Value**）[23]との差額がのれんです。時価とは，簡単に言うと今現在取引されている価格ですが，120円の飲料水をわざわざ150円で買うと差額の30円がのれんとなる感じです。しかし，飲料水を購入する時にはのれんなど発生せず，あくまで企業買収の時のみのれんが発生します。

それではなぜ，買収企業は時価以上の価格を出して，被買収企業を買うのでしょうか。それは，被買収企業が保有する技術力やブランド力等によって，時価よりも高く評価されたということです。逆に安く買われた場合には，のれんは発生しません。

例文 Goodwill is an intangible asset associated with the purchase of one company by another. Specifically, goodwill is recorded in a situation in which the purchase price is higher than the sum of the fair value of all identifiable assets purchased in the acquisition and the liabilities assumed in the process
のれんは，企業買収が発生した時に生じる無形資産です。特に，買収価格がすべての識別可能な資産と引き受けた負債の正味の金額を上回る時に発生します。
（IFRS3 のれんの認識と測定の規定から筆者改変）

BS（負債の部）

Accounts Payable-Trade（買掛金）[24]

買掛金（Accounts Payable-Trade）は，企業が供給業者から物やサービスを掛けで購入した時の支払い義務です。正常営業循環（仕入れ➡支払い➡販売➡代金回収）に該当しますので，流動負債の１つです。

未払金（**Accounts Payable-Other**）[25]も代金を支払わなくてはいけない義務で

すが，買掛金が本業に関する代金であるのに対し，未払金は本業以外の物やサービスの購入により生じた代金支払義務です。

例文 Accounts payable are amounts that an entity owes to its suppliers as a result of the entity's purchasing goods or services on credit in the ordinary course of business.

> 買掛金とは，企業が通常の営業過程において，納入業者から財貨やサービスを掛けで購入した結果として，企業が仕入れ先に対して支払義務を負っている金額である。
>
> （Abitus 英文会計入門テキストから）

Short-term Debt（短期借入金）[26]

短期借入金（Short-term Debt）は，その名の通り短期で借りた借金です。通常，銀行からの借入であったり，コマーシャルペーパーを発行したことによる借金であったりします。

コマーシャルペーパーとは，信用力の高い企業が短期（1年以内）でお金を借りるために発行する，無担保の約束手形です。機関投資家，証券会社，保険会社等さまざまな投資家が債権者となります。

長期借入金は支払期日が1年以上先の債務（銀行からの借入金や社債）をいいます。

短期借入金は1年以内の返済が予定されているもの，長期借入金（**Long-term Debt**）[27]は1年以上後に返済が予定されているものです。どちらも利息が発生します。

例文 Short-term Debt is the amount of a loan that is payable to the lender within one year. The debt in this liabilities account is usually made up of short-term bank loans taken out by a company, or of commercial paper, among other types.

> 短期借入金は1年以内に債権者に支払わなくてはいけない金額です。
> この負債は，通常短期の銀行借入，コマーシャルペーパー等により発生するものです。
>
> （Accounting Tools, Investpediaから筆者改変）

BS（資本の部）

🔑 Paid in Capital（払込資本）[28]

払込資本（Paid in Capital）は株主から受けた出資金をいいます。

株主には，普通株主と優先株主が存在し，前者は普通株式，後者は優先株式に対して出資しています。

優先株式は，会社からの配当を普通株主より優先して受領できる代わりに，株主総会での議決権が与えられない，もしくは制限されている株式です。つまり会社に対する支配権は重視しない一方で，配当をしっかり貰いたいという株主向けの株式です。

例文 Paid in capital is the payments received from investors in exchange for an entity's issued stock.

払込資本とは，企業が発行した株式と交換に投資家から受け取った金額部分です。
（Accounting Toolsから筆者改変）

🔑 Retained Earnings（利益剰余金）[29]

利益剰余金（Retained Earnings）とは儲けの累積のことです。毎期利益は利益剰余金に加算され，損失が出ると，利益剰余金から取り崩されます。また会社は，利益剰余金から配当金（**Dividends**）[30]の支払いをおこないます。

例文 Retained earnings are the profits that a company has earned to date, less any dividends paid to investors.

利益剰余金は，会社が現在まで稼いだ利益から，株主に支払った配当を引いたものです。
（Accounting Toolsから筆者改変）

PL

Sales Revenue/Sales（売上高）[31]

売上高（Sales Revenue/Sales）は，本業の製品またはサービスの提供に対する見返りとしての金銭を指します。

TOYOTAであれば車を売った時の金額，AppleであればiPhone，MacBook Airなどの製品を販売した時の金額が売上高として計上されます。

問題は，売上を計上する時点です。さて，どの時点で売上は計上されるのでしょうか。

① 物やサービスを提供した時に売上高を計上する。これを発生主義（**Accrual Basis**）[32]といいます。

② 物やサービスを掛けで販売して，その後代金を回収した時に売上高を計上する。これを現金主義（**Cash Basis**）[33]といいます。

我々の通常の生活で家計簿などを付ける場合は，②の現金主義，お金が入ってきた時に収入，出ていった時に支出と計上しますが，会計の世界では①の発生主義を採用しています。

例文 Sales revenue is the amount realized from selling goods or services in the normal operations of a company in an accounting period.

売上高は，一会計期間において企業の本業における物やサービスの提供から認識される金額です。　　　　　　　　　　　　　　　　（Accounting Toolsから筆者改訂）

Cost of Goods Sold（売上原価）[34]

売上原価（Cost of Goods Sold）とは，本業の売り上げに対する原価です。

英語で考えると，販売した製品（Goods sold）の原価（Cost）＝Cost of Goods Soldと考えられるので，わかりやすいですね。

製造業の場合は，売上原価には，製品が販売できるようになるまでにかかった直接材料費，直接労務費，製造間接費などが含まれます。

サービス業の場合は売上原価（**Cost of Revenue**）[35]ともいいます。

例文 The cost of goods sold is the accumulated total of all costs used to create a product or service, which has been sold.

売上原価とは販売された製品やサービスにかかるコストの合計です。
(Accounting Tools)

Gross Profit（売上総利益）[36]

売上総利益（Gross Profit）は，以下のように求めます。

> 売上総利益（Gross Profit）
> ＝売上高（Sales）－売上原価（Cost of Goods Sold）

売上から原価を引いて算出した大雑把な利益なので粗利益とも呼ばれています。売上総利益が高ければ，売上原価は低い（原価率が低い）ので，製造コストがかかっていないことが想像できる一方，売上総利益が低ければ，売上原価は高い（原価率が高い）ので，製造コストがかさんでいることが想像できます。

例文 Gross Profit is the profit a company makes after deducting the costs of making a product or providing services.

売上総利益は製品製造やサービス提供のコストを引いた後の利益である。
(Investopedia)

Selling General and Administrative（販売費及び一般管理費）[37]

販売費及び一般管理費（Selling General and Administrative），通称SG&AもしくはSGAです。販売費（Selling Cost）と一般管理費（General and Administrative expense）を合わせています。

販売費には，営業部員の給料，広告宣伝費，販売手数料などが含まれます。

一般管理費には，一般従業員の給料，本社建物の減価償却費，保険料などが含まれます。

また，研究開発費（Research and Development Cost：R&D）[38]も，この項目に含まれます。

例文 The selling, general and administrative expense (also known as SG&A) is comprised of all operating expenses of a business that are not included in the cost of goods sold.

販売費及び一般管理費（販管費）は，売上原価以外のすべての営業費用からなります。
(Accounting Toolsから筆者改変)

Depreciation Expense（減価償却費）[39]

減価償却費（Depreciation Expense）は，通常販売費及び一般管理費（販管

140

費）に含まれます。ただ，会計上はとても重要な考え方なので分けて説明します。

　有形固定資産でも言及しましたが，有形固定資産は購入時点の価値をずっと維持できるとは考えられません。よって，有形固定資産の取得に要した費用を，その資産の耐用年数にわたって配分することを減価償却といいます。減価償却の最も重要な目的は，適正な費用配分をおこなうことによって，毎期の損益計算を正確におこなうことです。

　計算方法は定額法，2倍定率法，級数法など複数あります。

例文 Depreciation is an accounting method of allocating the cost of the tangible asset over its useful life and is used to indicate appropriate economic situation.

減価償却とは，有形資産の耐用年数にわたり，資産の適切な経済実態を表すためにコストを配分する会計処理方法です。 (筆者)

Operating Income（営業利益）[40]

　営業利益（Operating Income）は本業の儲けを示します。売上高から売上原価を差し引いた売上総利益から，さらに販売費及び一般管理費（販管費）を差し引いて計算します。

　売上高から，営業費用（**Operating Expense**）[41]を引いた後の利益ともいいます。営業費用とは，ここでは売上原価や販売費及び一般管理費のことを指します。

例文 Operating Income indicates entity's income generating from normal course of business.

営業利益とは，本業のビジネスから得られる利益を表します。 (筆者)

Other Income and Expense（営業外損益）[42]

　営業外損益（Other Income and Expense）は，損益計算書において，本業の儲けである営業利益の下で加減算されます。

　企業にとって，本業以外の損益にあたります。たとえば，トヨタの本業は自動車を販売することですが，お金を銀行から借り入れたために発生する利息費用，古くなった機械を下取りに出して得た売却益等，本業以外で発生した損益はここで計上します。

※具体的な営業外損益の項目は以下のとおりです。

営業外利益 (Other Incomes)	営業外損失 (Other Expenses)
受取利息 (Interest Income)	支払利息 (Interest Expense)
受取配当金 (Dividend Revenue)	
固定資産売却益 (Gain on Sale of PPE)	固定資産売却損 (Loss on Sale of PPE)
有価証券売却益 (Gain on Sale of Investment Securities)	有価証券売却損 (Loss on Sale of Investment Securities)
家賃収益 (Rent Revenue)	

例文 Other Revenue and Expense represent the amount that doesn't come from normal course of business.

営業外損益とは，本業以外から発生した損益です。 (著者)

Income from Continuing Operation （継続事業からの利益）[43]

継続事業からの利益（Income from Continuing Operation）は，企業が継続してビジネスをおこなうにあたって獲得する利益（損失）を表したものです。営業利益から営業外損益を加減算した後に残った利益と考えればよいでしょう。日本企業の損益計算書を見た時の，経常利益（いわゆるケイツネ）とほぼイコールと考えてください。

例文 Income from Continuing Operation is a line item on profit and loss statement that a business has generated from its continuing operational activities.

継続事業からの利益は，企業が継続してビジネスをおこなうにあたって獲得する利益を表した損益計算書の項目です。 （Accounting Toolから筆者改変）

Discontinued Operation （非継続事業）[44]

非継続事業（Discontinued Operation）は日本基準で作成した損益計算書には登場しない項目です。

米国基準や国際会計基準で作成した損益計算書では，継続事業と分けて非継続事業の経営成績を表示します。

非継続事業とは，企業がポートフォリオの見直しを図る中で，実際に処分したもしくは処分予定の事業をいいます。当年度で，この非継続事業から発生した損益をここで計上します。これを，継続事業と分けて計上する理由は，すでに廃止を決めている事業であれば，切り離して表示したほうが決算書利用者に誤解を与えないと考えるためです。

例文　Discontinued Operations are a component of a company's core business or product lines that has been disposed of, and is reported separately from continued operations on the income statement.

非継続事業とは処分した主要な事業や製造ラインのことをいい，損益計算書の継続事業とは分けて計上する項目です。
(Investopedia)

Income Tax Expense （税金費用）[45]

　企業も個人同様，所得を得たら国等に税金を納めなければいけません。企業が稼いだ所得に対して計上する税金がこの税金費用（Income Tax Expense）となります。他の表現としてProvision for Income Taxesと呼ばれることもあります。

例文　Income Tax Expense is the amount of expense that a business recognizes in an accounting period for the government tax related to its taxable profit.

税金費用は，会計期間において課税所得に対して課せられる税金のことです。
(Accounting Tools)

Net Income （純利益）[46]

　純利益（Net Income）とは，損益計算書の一番下に計上される数値です。全ての収益項目から，費用項目を引きプラスの値であれば，純利益（Net Income）となり，マイナスの値であれば純損失（**Net Loss**）[47]となります。

例文　Net Income is excess of all kinds of revenues over all kinds of expenses.

純利益とは全ての収益項目から，全ての費用項目を引いた後に残っている利益である。
(筆者)

CF

Cash Flows from Operating Activities （営業活動によるキャッシュフロー）[48]

　営業活動によるキャッシュフロー（Cash flows from Operating Activities）は，

本業の活動によるキャッシュの動きを示します。原則，損益計算書の純利益計算過程の項目に関するキャッシュフローは営業活動に入ると考えてください。

たとえば，売上高に関するキャッシュイン，売上原価に関するキャッシュアウト（現金での支払い）は営業活動に分類されるといった具合です。また販管費に関するキャッシュアウト，つまり従業員の給料，オフィスの家賃，広告宣伝費はすべて営業活動に分類されます。

> **例文** Cash flows from Operating Activities involve PL items. These cash inflows and outflows result from the normal course of businesses.
>
> 営業活動によるキャッシュフローは損益計算書項目のキャッシュフローを含みます。それらのキャッシュフローは本業の活動からのキャッシュフローです。（筆者）

Cash Flows from Investing Activities （投資活動によるキャッシュフロー）[49]

投資活動によるキャッシュフロー（Cash flows from Investing Activities）は営業項目以外の資産の売買により生じるキャッシュフローです。主に，有形固定資産や有価証券の売買に関するキャッシュフローがここで計上されます。売掛金や，棚卸資産は営業項目の資産です。これらは営業活動のキャッシュフローで計上されるので注意が必要です。

> **例文** Cash flows from Investing Activities involve cash flow result from changes in investment securities, property plant and equipment and other non current assets items.
>
> 投資活動によるキャッシュフローは，投資有価証券や有形固定資産，その他非流動資産項目の変動により発生するものです。（筆者）

Cash Flows from Financing Activities （財務活動によるキャッシュフロー）[50]

財務活動によるキャッシュフロー（Cash flows from Financing Activities）は営業項目以外の負債及び株主資本の変動により生じるキャッシュフローです。

銀行からの借入，株主への配当支払い，株主からの出資金等は財務活動に分類されます。

買掛金や未払金は営業項目の負債です。これらは営業活動のキャッシュフローで計上されるので，注意しましょう。

また，配当金の受取りは，損益計算書の営業外収益に該当するため営業活動によるキャッシュフローに分類されますが，配当金の支払いは，利益剰余金か

ら支払われるので，財務活動のキャッシュフローとなるのです。

例文 Cash flows from Financing Activities involve cash flow result from changes in equity and liability items other than normal operating cycle.

<small>財務活動によるキャッシュフローは，株主資本や営業循環以外の負債項目の変動から発生するキャッシュフローです。　　　　　　　　　　　　　　　　　　　　（筆者）</small>

【著者略歴】

齋藤　浩史（さいとう・ひろし）

　上智大学博士号。イギリス・バーミンガム大学MBA修了。ゴールドマン・サックスやその他外資／日系投資銀行でヨーロッパ，中東，東南アジアを相手にした投資銀行ビジネスに携わる。現在，株式会社グローバルアップライズコンサルティング代表取締役社長として主にグローバルビジネス教育を中心にしたコンサルティング業務に従事。

　マサチューセッツ大学MBA講師，オールアバウト「ビジネス英語ライティング」専門ガイドを務めるほか，企業へのエリートビジネス英語ライティング・プレゼン研修，都内大学や資格学校での講義をおこなう。

　海外業務での呼称はJB。JBとはニューヨーク留学時，Japanese Boyの頭文字をとって，友人がつけたニックネーム。好きな言葉は，"Love always to Have A Neverending Affection with Grace"。

　　ビジネス英語教育サイト：www.hiroshijbsaito.com
　　　　　　　　（書籍の内容に関するお問い合わせはこちらまで）

伊藤　勝幸（いとう・かつゆき）

　米国公認会計士（U.S.CPA），公認内部監査人（CIA）。千葉工業大学卒業後，アメリカ・シアトルの製造業に勤務。日本に帰国後，PwCあらた有限責任監査法人にて，金融機関に対する監査業務，アドバイザリー業務等に携わる。

　現在は，GALA（Global Accounting & finance Learning Association）代表として，会計，監査，ファイナンスの価値，楽しさを伝えるため，日本語と英語の両方を駆使して活動中。

　総合商社や大手通信会社での企業研修，国際資格の専門校（アビタス）や合同会社財務翻訳研究所での講義，大学での講義もおこなっている。

50の英単語で英文決算書を読みこなす

| 2019年11月10日 | 第1版第1刷発行 |
| 2021年6月10日 | 第1版第4刷発行 |

著　者　齋　藤　浩　史
　　　　伊　藤　勝　幸

発行者　山　本　　　継

発行所　㈱中央経済社

発売元　㈱中央経済グループ
　　　　パブリッシング

〒101-0051　東京都千代田区神田神保町1-31-2
　　　　　　電話　03 (3293) 3371 (編集代表)
　　　　　　　　　03 (3293) 3381 (営業代表)
　　　　　　https://www.chuokeizai.co.jp

印刷／㈱堀内印刷所
製本／侑井上製本所

©2019
Printed in Japan

＊頁の「欠落」や「順序違い」などがありましたらお取り替えいたしますので発売元までご送付ください。(送料小社負担)

ISBN978-4-502-32461-1　C3034

JCOPY 〈出版者著作権管理機構委託出版物〉本書を無断で複写複製 (コピー) することは、著作権法上の例外を除き、禁じられています。本書をコピーされる場合は事前に出版者著作権管理機構 (JCOPY) の許諾を受けてください。
　JCOPY 〈http://www.jcopy.or.jp　eメール：info@jcopy.or.jp〉

ベーシック＋プラス
Basic Plus

Let's START!

学びにプラス！
成長にプラス！
ベーシック＋で
はじめよう！

いま新しい時代を切り開く基礎力と応用力を兼ね備えた人材が求められています。
このシリーズは，各学問分野の基本的な知識や標準的な考え方を学ぶことにプラスして，一人ひとりが主体的に思考し，行動できるような「学び」をサポートしています。

教員向けサポートも充実！

ベーシック＋専用HP

中央経済社